Femke Soetenga

Der Käsekuchenmann

und andere, mehr oder weniger wahre Kurzgeschichten

mit Illustrationen von Folkert Soetenga

hY-buchedition

hY-buchedition

Impressum

ein Imprint von Musikverlag hayo e.K.
www.hy-edition.de

Illustrationen: Folkert Soetenga
Umschlaggestaltung:
Fotos Pixel-Shot@adobe Stock; Butch@adobe Stock
Fotos Femke: © Julian Freyberg
Gestaltung und Satz im Verlag
Druck: BOD; Printed in Germany
Originalausgabe, November 2020
2. Auflage März 2021
ISBN 978-3-9820922-5-6
E-Book: ISBN 978-3-9820922-6-3

Prolog: Ist das Kunst oder kann das weg?

Für meinen Job reise ich viel. Ungern, aber viel. Mein Job beinhaltet Rastlosigkeit und ein Zigeunerleben zwischen Zuhause, Theater, Bahn und Hotel. Nicht unoft habe ich mehrere Schlüssel in der Tasche und öfters wache ich nachts in fremden Betten auf und wundere mich ein paar Sekunden, wo ich bin. Der Job ist es wert, aber ich bin sehr, sehr viel im Zug unterwegs.

Irgendwann kam mir die Idee, dass ich diese Zeit doch auch viel sinnvoller nutzen kann als mit „aus dem Fenster glotzen“ oder mit den neuesten Filmen im Maxdome OnBoard. Ich habe alle Folgen von „Jerks“ gesehen, mir die Filme des Monats angeschaut, sämtliche Literatur online oder als Hardcopy gelesen und irgendwann hat mir mein Ego signalisiert, dass das wahre Leben es doch vielleicht genauso wert wäre beschrieben zu werden, wie das fiktive Liebesleben der Hauptakteure in Nora Roberts‘ neuestem Roman.

Zumal das wahre Leben im Zug und Theater mir tagtäglich so viel Stoff bereitet.

Szenen, die man kennt, typische Bahnfahrten und Bahnfahrer, aber auch Hintergrundgeschichten aus dem Theater.

Mein Zigeunerleben in Buchform, mit viel Fantasie und nicht unbedingt autobiografisch.

Mit meinen Mitmenschen in der Hauptrolle.

1. Szene: Petra reist

Der Zug fährt ab aus Hamburg Hauptbahnhof um 8:04 Uhr Richtung Zürich. Ich, etwas schweren Gemütes, fahre, wie regelmäßig, zu einem Auftritt nach Pforzheim. Schräg vor mir sitzt eine Gruppe, 8 Personen, mittleren Alters, die gerade ihre zweite Runde Sekt aufgemacht hat. Sie fahren zu einer Veranstaltung. Petra, die lauteste der Truppe, redet mit jedem Schluck schwungvoller über eine neue Wohnung, die sie kaufen will, während alle Menschen, die vorbeikommen, notgedrungen von ihr überschwänglich begrüßt werden. Neben ihr sitzt Heinz, mit einer Boom Box aus der Helene Fischer schallt. Petra fragt, wann die Schlagerfestivals so sind, sie war noch nie auf einem. Und schnell verändert sich das Thema zu chemischen Toiletten.

Ob die Helene wohl auch kommt, morgen? Petra hat gehört, dass sie kommen soll, aber auch nur zu 80 Prozent.

Erste Durchsage, wir verlassen mittlerweile Harburg.

Die nette, ruhige Dame neben mir liest ungestört in ihrem Buch, während Petra fröhlich weiterredet.

Ein Kaffeeverkäufer kommt vorbei und ich erinnere mich an Sonntag: Ich steige morgens früh in Köln in den Zug und treffe sofort einen Kollegen. Der erste Gedanke, oh jetzt muss ich mich unterhalten, stimmt. Aber er kann mir einige Informationen geben über eine Produktionsfirma, die sehr wahrscheinlich Insolvenz anmelden muss, und ich freue mich bei der Produktion rechtzeitig abgesprungen zu sein.

Auch da kommt der Verkäufer vorbei und weil ich in einer etwas witzigen Laune bin, singe ich ihm zu: „Stop, in the name of love". Der Schaffner besteht auf einen Applaus, und die Damen neben uns geben ihm gerne Gehör. Die Frau vor mir meint, sie höre lieber Schlager und der Verkäufer sagt, ich solle „Zucker im Kaffee" singen. Mein Kollege bestellt währenddessen einen Cappuccino.

Das Lied ist mir nicht bekannt, und somit spiele ich es vom Handy ab. Es wird en masse mitgesungen.

Etwas später kommt der Verkäufer noch mal vorbei und verführt mich dazu mitzukommen, um seinem Kollegen was vorzusingen. Die beiden neben mir kommen, als neues Publikum, auch mit und so kommt es, dass ich um elf an einem Sonntagmorgen, mit zwei Latte Macchiato als Belohnung, Dancing Queen im Speisewagen singe.

Petra reißt mich aus meinen Gedanken. Ich denke, diese Frau hat ihre Berufung verfehlt, mit so einer Stimme hätte sie ruhig Stadionsprecherin werden können.

Der Mann ihr schräg gegenüber hat es geschafft, einzuschlafen. Er ist bestimmt ihr Mann.

Ich checke mein Handy und schreibe meiner Mutter und Ex-Schwiegermutter.

Mir geht's gerade nicht gut, Der Ex hat sich unerwartet getrennt und ich bin ziemlich heartbroken. Wir alle sind etwas geschockt von der Entscheidung und ich bin vor allem innerlich zerrissen und weiß nicht wohin mit mir.

Niemand kann mich aber so ablenken wie Petra. Klimaschutz und Thermomix werden genauso oberflächlich angesprochen, wie die Frage, welche Insel eigentlich die Südlichste ist. Ich schaue heimlich auf die Reservierungsanzeige über ihrem Kopf. Da steht Kassel, ich kann also davon ausgehen, dass es spätestens dann ruhiger wird.

Die ältere Dame neben mir hat das Lesen aufgegeben, und nachdem ich ihr eine Packung Ohrstöpsel angeboten habe, ist sie sogar eingeschlafen.

Plötzliche Stille, ein Mann sagt: wir müssen bald aussteigen. In Hannover schon! Das dauert zwar noch eine halbe Stunde, aber Petra wedelt sich jetzt schon mit einem Reiseplan von der DB frische Luft zu, im Takt von „Heee-eeey, heeeey baby“, das jetzt aus der Box dröhnt.

Mittlerweile brüllt Petra, dass sie etwas nicht versteht. Was sie nicht versteht, habe ich nicht mitbekommen, aber ich spitze unfreiwillig meine Ohren: Jetzt geht es um Musicals. Sven und Caro waren in dem Film „Ich war noch niemals in New York”.

Hannover, 9:23 Uhr, Petra und ihre 7 Mitreisenden steigen beschwipst aus und es wird plötzlich unglaublich still in dem Großraumwagen, irgendwie befremdlich, und ich stelle erstaunt fest, dass sich meine Laune etwas gesteigert hat.

2. Szene: Glück ist…

In ungefähr vier Wochen ist Premiere von dem Stück „Evita", in dem ich die Hauptrolle spielen darf. Eigentlich habe ich, während der Probenzeit, immer nur Samstagabend und Sonntag frei und es lohnt sich oft nicht nach Hause zu fahren. Geprobt wird in der Regel Montag bis Freitag von 10 bis 14 Uhr und 18 bis 22 Uhr und Samstag von 10 bis 14 Uhr.

Diese Woche hatte ich allerdings am Freitag noch eine andere Vorstellung in Pforzheim und so kam es, dass ich schon am Samstag nach Hause konnte, und das Glück war auch noch auf meiner Seite: die Montagvormittag-Probe fiel aus. Somit musste ich erst Montag zur Probe zurückfahren.

Nachdem ich mich mit Dem Ex getroffen hatte, um unsere Vergangenheit und Zukunft zu diskutieren - ersteres schön und intensiv, zweiteres nicht vorhanden - machte ich mich voll guten Mutes auf den Weg. Kurz nach Hamburg hielt der Zug unplanmäßig in Harburg und es folgte eine Durchsage, dass der Streckenabschnitt nach Hannover gesperrt war.

So viel zum Thema Glück.

Wir stehen auf unbestimmte Zeit still. Ich, die immer schon alle möglichen Verspätungen einplant und immer viel zu früh losfährt, bin heute richtig auf den letzten Drücker losgekommen, da ich tief in der Emo-Falle stecke.

Und jetzt das. Ich würde wohl zu spät zur Probe kommen.

Ich gebe bei Google ein:

„Glück ist …“

und suche hoffnungsvoll nach Synonymen zu den Worten Karma, Scheiße oder A Bitch.

Das Erste, was ich finde, ist „Glück ist eine Farbe und immer nur ein Moment”. Hmm. Gleich gehen mir viele Gedanken durch den Kopf. Vor meinem geistigen Auge erscheinen fröhlich tanzende Waldorfkinder, die noch keine Ahnung haben von der Zukunft. Wie Der Ex.

Trotzdem etwas neugierig verfolge ich den Link und lese, dass es sich um eine Aussage von Ferdinand von Schirach handelt, der über sein Buch erzählt. „Kaffee und Zigaretten" die Hauptfigur ist er selbst. Sein Leben, seine Gedanken. Schirach und wie er die Welt sieht.

Dass Kaffee und Zigaretten eine gute Kombi sind, um die Welt zu betrachten, hat mir Der Ex schon immer vorgehalten und ich denke an die vielen Male, wo ich morgens früh schon Ernstes besprechen wollte und er erst mal einen Kaffee benötigte. Meine Eltern leben auch schon seit Jahren nach dem Prinzip „Vor dem

Kaffee, kein Geschnack" und sind schon ewig glücklich verheiratet. Mein Problem in diesem Fall könnte sein, dass ich grundsätzlich nicht so gerne Kaffee trinke. Heißt das im Umkehrschluss, dass ich die Welt nie richtig betrachten werde? Und wir Teetrinker blauäugig/hilflos durch das Leben gehen?

Etwas beunruhigt schaue ich weiterhin bei Google nach, finde alles über Weltanschauung, Selbsthilfekurse, Meditationskurse, Kaffee, Maschinen, Filter und Zigaretten und wie das immer so ist bei der Google Suche, bin ich so vertieft, dass ich schon fast in Hannover bin, bevor mir auffällt, dass der Zug überhaupt wieder fährt.

Rechts oben kommt ein Pop-up hoch von „MyMuesli“. Und ich bekomme sofort Hunger. Das ist ein gutes Zeichen, da mir der Liebeskummer letzte Woche unerwartet eine Bikinifigur geschenkt hat. Und das schon im November!

Ich nehme meine Banane aus der Tasche und komme zu dem letzten Satz in den Google-Vorschlägen:

„Glück ist eine Entscheidung“

Ui!
Und nicht nur das, es scheint auch gleich eine

Entscheidung zu sein für ganz viele Podcasts und Bücher und endlos viele Bilder mit Sprüchen drauf. Mir wird in Großbuchstaben erzählt, dass ich JETZT und HEUTE glücklich werden kann, wenn ich mich dazu ENTSCHEIDE!

Mein Entscheidungsdrang verschwindet mit jedem weiteren Ausrufezeichen und ich sinke etwas demotiviert zurück in meinen 2.-Klasse-Stuhl.

Ein Anruf vom Theater reißt mich aus meinen Gedanken. Am Mittwoch ist eine Kochshow geplant, die vom Intendanten moderiert wird. Eine Art "Küchenschlacht" auf Thüringisch. Ob ich da schon Rezepte habe. Ein ehemaliger Mitbewohner nannte meine Kochkünste immer schon etwas anarchistisch und das trifft es im Kern ganz gut.

Panik! Stress! Überforderung!
ENTSCHEIDUNG! Idee!

Ich wähle ein Risotto, das ich schon aus dem FF kenne und kreiere mein eigenes Rezept dazu. Und während ich, etwas frustriert, auf meiner Tastatur rumtippe, merke ich, dass vor mir etwas aus dem Ruder läuft. Ein Mann mit einem überdimensionalen Stück Holz versucht durch die Tür zu steigen und haut eine Person nach der anderen an oder um. Tumult im Ruhebereich des ICE.

Dann meldet sich auch noch der Lokführer zu Wort: das Signal steht noch auf Rot und wir können nicht einfahren. Die Stimmung ist jetzt mittlerweile etwas aufgelockert und ein Mann neben mir bietet mir einen Schluck Wein an. Ich denke noch an Proben und rechtzeitig ankommen und habe schon einige Ausreden parat, aber ENTSCHEIDE mich auf das Angebot einzugehen. Wir haben ein nettes Gespräch und bevor ich es weiß, muss ich leider schon umsteigen.

Eine Stunde später als geplant komme ich langsam in die Nähe meines Ziels. Draußen ist es mittlerweile stockdunkel und es regnet auch noch, aber ich klappe etwas angeheitert und zufrieden meinen Rechner zu und denke: Glück ist eben doch eine Entscheidung.

3. Szene: Ortsnamen

Ich fahre meistens Zug, aber ich besitze einen grünen Volkswagen Bulli. Wann immer das Wetter und mein Zeitplan es zulassen, mache ich mit ihm einen Ausflug. Oder mit ihr. Darüber sind die Meinungen geteilt. Für meinen Vater, der für sie gesorgt hat, sie umgarnt und gepflegt hat, ist sie offensichtlich eine alte, etwas bockige Dame. Für mich, die ihn seit Jahren fährt, Geld in ihn reingestopft hat und ihn immer noch nicht versteht, muss er einfach ein Mann sein.

Aber eins steht fest, der/die Hulk, ist eine große Liebe. Und rumfahren mit ihm macht immer Laune. Aber das sind die freien Momente, die Freiheitsmomente. Normalerweise gibt es den Alltag: und das heißt Bahnfahren. Um Einiges umweltfreundlicher und außerdem ein entspannteres Reisen und Ankommen. So circa 6000 km pro Monat im ICE und RE quer durch Deutschland. Pforzheim, Nordhausen, Schwerin, Hamburg, Osnabrück.

So auch heute, über Hannover geht es nach Nordhausen.

Die nächste Station ist Frieden.

Die Ansage gefällt mir.

Gleich spinnt mein Gehirn. Fragen über Fragen: Welche Menschen wohnen in Frieden? Und wie friedlich oder zufrieden ist man da eigentlich?

Es gibt in Deutschland schon sehr viele witzige Ortsnamen. Ich hatte mal die Idee, mit meinem Bulli alle witzige Orte abzuklappern und so einen Urlaub zu planen. Von Busendorf bis Linsengericht und von Qual bis Brechen. Was ist bloß aus der Idee geworden?

Ich mache Google auf, suche und sehe gleich: das könnte eine lange Reise werden.

Ich kriege sofort Lust aus dem Zug auszusteigen und loszufahren.

An Orte, die man als gesunder Mensch meiden sollte: Niesen, Husten und Schmerz. An Orte, die man als Rentner meiden sollte: Leichendorf, Himmelreich und Ewigkeit. Ich möchte Frau Sauermilch in Hundeluft besuchen und Herrn Hund in Katzenelnbogen. Ich will streiten in Lachen, weinen in Streit, Weihnachten feiern in Ober-Ostern.

Ich stoße auf ein sehr wissenswertes Etwas: Der längste Ortsname in Europa ist:

Llanairpwllgwyngyllgogerychwyrndrobwll-
llantysiliogogogoch

Beim Lesen dieses Ortsnamens glaubt man, dass jemand nur wahllos auf der Tastatur herumgedrückt hat. Doch nichts ist weniger wahr. Es handelt sich um eine Gemeinde auf der Insel Anglesey in Wales. Als da 1860 ein neuer Bahnhof gebaut wurde, wollten die Anwohner gerne auffallen und gaben dem besagten Bahnhof, und somit dem neuen Ort, den längsten Ortsnamen Großbritanniens.

Aus dem Walisischen übersetzt heißt der Name: „Marienkirche in einer Mulde der weißen Hasel in der Nähe eines schnellen Strudels und der Thysiliokirche bei der roten Höhle".

Ich grinse schon in mich rein, als ich mir vorstelle, wie ein frustrierter Mitarbeiter der DB versucht diesen Namen auszusprechen. Sank joe for träwelling wiz Deutsche Bahn, next Stop Llanfairpwllgwyngyllgo...

Vor ein paar Jahren war ich mal auf Tour mit einer Musicalproduktion und wir fuhren mit dem Nightliner von Auftritt zu Auftritt. Jeder Tag war irgendwie gleich. Gegen Mittag kamen wir am Veranstaltungsort an, die Musiker haben aufgebaut, während wir Darsteller eine Stunde hatten, um uns die Umgebung anzuschauen. Danach wurde gesoundchecked, geschminkt, gegessen, gelockt (die Haare), eingesungen und aufgewärmt. Um Punkt 20:00 Uhr ging die Show los.

Eines Tages waren wir in Appenweier. Wie immer liefen wir nach Ankunft eine Runde durchs Dorf, auf der Suche nach irgendetwas Sehenswertem in der Umgebung. Es war absolut nichts zu finden in der Nähe der Halle. Nach einigen Minuten entdeckten wir eine Frau. Sie stand, medium begeistert, mit einer Schaufel in ihrem Garten und freute sich wenig darüber von mir angesprochen zu werden. Die allgemeine Frage: „Entschuldigen Sie bitte, gibt es hier irgendetwas Sehenswertes in Appenweier?“ schien sie zu überfordern. Sie dachte sehr lange und sehr tief nach und antwortete dann: „Nein.“ Wir sind umgedreht und zur Halle gelaufen.

An dem Tag in Appenweier fand der Soundcheck eine halbe Stunde früher statt als geplant.

Quelle:
https://www.skyscanner.de/nachrichten/15-der-skurrilsten-ortsnamen-deutschlands.

4. Szene: Ernährung

Es ist Herbst. Draußen sind die Temperaturen zwar noch angenehm, aber ich merke es an den ersten hustenden Leuten im Zug. Berufsbedingt klingeln dann sofort die Alarmglocken. „Halt dich bloß fern". Ich darf ja nicht krank werden. Wenn ich nicht spielen kann, habe ich keinen Verdienst. Und leider gibt es für solche Fälle keine Ausfallgage und keine bezahlbare Versicherung.

Immer mal, setze ich mich um und ich muss aufpassen die Übeltäter nicht so anzuschauen, als ob sie Lepra hätten.
Und somit sitze ich, ab Ende August bis Anfang Mai, meistens mit einem Schal im Zug, wohinter ich mich verstecken kann.
Im Theater ist es nicht anders. Wenn ein Kollege hustet, springen meistens zehn andere auf und suchen einen neuen Platz. Der Druck, gesund zu bleiben ist enorm. Deswegen achtet man notgedrungen auch auf seine Ernährung und seine Kondition.

Vor ein paar Jahren habe ich mich selbst so davon überzeugt, dass Ingwertee gesund ist und die Lösung für alle gesundheitliche Probleme, dass ich eine Magenschleimhautentzündung bekommen habe. Zu viel des Guten ist halt auch nicht gesund.

In meinem Spind im Theater reihen sich Salbeitee, Zimt zum Hals desinfizieren, Ingwertee, Emserpastillen, GeloRevoice, Angocin, Sinupret und Isla Med Voice an Deo und co. Eine latent hypochondrische Neigung hat das Ganze schon.

Manchmal habe ich sogar Angst von einer Nasic Werbung im Fernsehen schon Schnupfen zu bekommen.

Ich habe keinen schlechten Job, darf immer mal wieder berufsbedingt mehrere Männer küssen und habe damit auch gar keine Probleme. Im Gegenteil. Es sei denn, es ist Herbst oder Winter, oder sogar Frühling. Dann ist immer irgendein Kollege krank und alle haben Angst angesteckt zu werden. Und das ist sogar ab und zu im Sommer der Fall.

Das einzige Mal, wo ich mir keine Sorgen mache, dass ich krank werde, ist im Urlaub. Und dann werde ich es natürlich auch nie.

Also gesund leben. Aber dann gibt es Schokolade… und Lakritze… und heute… Ich steige regelmäßig in Nordheim um und da gibt es einen kleinen Kiosk. Da gehe ich öfters mit meinem To Go Becher hin und hole mir was zu trinken. Der Inhaber und ich sind da mittlerweile Per Du. Meistens nehme ich einen Becher Tee, aber heute hat mein Unterbewusstsein schon 20 Meter bevor ich es bemerke, entschieden, dass ich Pommes brauche. Mit Mayo, viel

Mayo. Aus Erfahrung weiß ich, mein Unterbewusstsein hat es meistens gut mit mir vor und somit ist die innere Diskussion sehr schwach und wurde schnell entschieden.

Der Inhaber vom Kiosk ist in Plauderlaune und findet es nicht ausreichend, dass ich schon die Pommes bestellt habe, er versüßt mir außerdem die Wartezeit noch mit Fladenbrot und Zaziki und einem Schnack.

Somit komme ich schon relativ gesättigt am Bahnsteig an. Der Zug fährt erst in 10 Minuten ab und ich beginne genüsslich meine Pommes zu essen.

Ich bemerke interessierte Blicke vom Schaffner, die leider nicht mir gelten, sondern meine fettige Begleitung.

Wir kommen ins Gespräch. Er, Leihgabe der S-Bahn in Hannover, fährt im Moment in Nordheim. Er hat eine Rauchpause und zieht an seinem Zigarillo, die Zigaretten ohne Filter hat er aufgegeben, sie sind ihm nicht mehr stark genug und wenn man sich schon vergiftet, dann wenigstens richtig. Ich, Nichtraucherin, rede noch etwas halbherzig mit und labere etwas von Vanille-Geschmack und E-Zigaretten. Der Schaffner meint, die wären auch nicht viel ungesünder als meine Pommes und ich schau beschämt auf meine Hand.

Gleichzeitig setzt sich ein mentales Völlegefühl ein und ich habe sofort Mühe mit dem

Runterschlucken von dem Kartoffelmatsch in meinem Mund. Ich biete ihm die restlichen Pommes an. Er zweifelt keinen Moment, nimmt sie dankbar an und mit einem strahlenden Gesicht und wiederholten „mjam mjam"-Geräuschen läuft er zufrieden Richtung Zug.

Als ich meine Sachen packe, um ebenfalls einzusteigen, merke ich erst, wie geschickt er das eigentlich angestellt hat.

5. Szene: Anprobe

Ich bin sauer! Der Ex ist ein Arsch!

Damit könnte dieses Kapitel auch schon zu Ende sein. Aber wie immer im Leben kommt die Realität dazwischen und bringt Trauer, Freude und Verwunderung.

Ich stehe, nur in Unterwäsche bekleidet, bei der Anprobe im Theater.

Eine Anprobe macht eigentlich immer Spaß. Es werden mir die schönsten Kostüme maßgeschneidert und ich komme nur hin und lasse mir von drei talentierten, fast immer weiblichen Schneidern die Stücke auf und, manchmal aus Versehen, an den Leib stecken.

Es sind viele Stecknadeln und Begriffe wie Bouclé und Plissee involviert und ich nicke verständnisvoll und tue so, als ob ich auch nur die leiseste Ahnung hätte, worum es hier eigentlich geht. Ich schaue in den Spiegel und streichele verliebt über die tollen Materialien und überlege, ob ich doch noch ein Kilo abnehmen sollte.

Und auf einmal, unerwartet, setzt die Realität ein: Der Ex wird dieses Stück nicht mehr sehen. Er wird nicht mehr stolz auf mich sein. Und diese großartigen Kostüme wird er nie mehr sehen. Ich fange an zu weinen. Total peinlich natürlich.

Die Ausstatterin versucht mich zu trösten und wir machen einen Schlachtplan, ganz bald ganz viel Wein zusammen zu trinken. Man kennt sie als partyfreudige Frau, also stehen die Chancen gut, dass mich am Wochenende der nächste Kater pochend begrüßen wird.

Während fröhlich weiter gesteckt wird, denke ich über die Abläufe auf der Bühne nach und darüber, dass dieses Stück sehr viele Kostümwechsel innehat. Und die sind erfahrungsgemäß immer ein kleines Risiko.

Im Stück „Aida" hatte ich eine Modeschau mitten in einem Song und ich musste ganz schnell eine Korsage wechseln. Irgendwie war der Reißverschluss nicht richtig zu und mit dem nächsten Schritt fiel mir die ganze Korsage auch schon runter. Ich verdeckte im nächsten Moment noch rechtzeitig das wichtigste und sang mit halb verdecktem Oberkörper das Lied zu Ende und rannte danach beschämt und äußerst schnell von der Bühne.

Von dieser Erinnerung lache ich laut auf. Eine Schneiderin erschreckt sich.

Ich ziehe das nächste Kostüm an. Ein wunderschöner Mantel in dunkelblauer Farbe. Und ich höre, wie oben, über mir drüber, im Probenraum eine Sängerin Gesangsübungen macht.

Viele Iihs, Aahs, Uuhs und Oohs erfüllen den Raum. Ich denke noch, die Dame hat so eine schöne Stimme, als ich die Gesangübung denke zu erkennen. Die-hie-hie Lie-hie-hie be-e-e i-hi-hist schwie-hie-hie-hie-hie-hierig. Na toll. Schon wieder kullern die Tränen.

Ich denke leise, dass die Schneiderinnen mich mittlerweile für gefühlsduselig und verrückt halten. Und während mir eine Tasse Tee angeboten wird, erkläre ich kurzerhand, dass ich nicht völlig den Verstand verloren habe. Das Mitgefühl ist groß und es wird eine große Packung Kekse aufgemacht. Ich zögere noch kurz, ob die Kostüme das zulassen, aber denke gleichzeitig, wie viel Glück ich habe mit so netten Leuten um mich rum und nehme die Kekse dankbar an.

Dieses eine Kilo kann mich mal am Arsch lecken.

6. Szene: Namensverwirrung

„Guten Morgen. Theaterkasse, Frau Habeling am Apparat."

„Ja, hier ist Femke Soetenga!"

Meine Eltern, selber viel gereist und in mehreren Ländern zuhause, haben meinen Bruder und mich Freek und Femke genannt.

Wo ich mich noch mit harmlosen Alternativen meines Namens rumschlagen muss, Feemke, Fehmke, Femmke, Fämke, hat mein armer Bruder es etwas schwerer. Er wohnte ein halbes Jahr in Amerika und Indien und in beiden Ländern wurde er ohne Zweifel immer mit "Freak" angesprochen. Zum Glück wurde mein Bruder mit einer ausreichenden Dosis Selbstvertrauen geboren und er wandelte dieses Problem ganz schnell zum Guten und machte sein Markenzeichen daraus. Sein Lebenslied ist seitdem

„Le Freak, c'est chic".

Aber für den Nachnamen können selbst meine Eltern nichts.

Manch Intendant oder Pressesprecher hat vergebens versucht sich die richtige Aussprache zu merken. Wie So-e-ten-ga? Sö-tenga? Nein, Su-ten-cha

Ein Regisseur nannte mich sogar mal Sönke Souterrain.

„Guten Morgen. Theaterkasse, Frau Habeling am Apparat."

„Ja, hier ist Femke Soetenga (Sutencha)! Mir wurden von der Intendanz zwei Freikarten für die Premiere versprochen. Ich würde die gerne hiermit buchen."

„Oh, für die Premiere sind leider keine Karten mehr verfügbar"

„Ich habe aber vorhin mit der Intendanz gesprochen und sie wurden irgendwie schon reserviert"

„Und auf welchen Namen?"

„Soetenga" (Sutencha)

„Nein, das kann nicht sein. Aber ich kann Sie auf der Warteliste platzieren"

„Oh ja, wenn das die einzige Möglichkeit ist, dann sehr gerne"

„Gut, wie war der Name nochmal?"

„Soetenga" (Sutencha)

„Können Sie mal buchstabieren?"

„S O E T E N G A"

„Oooh, Frau So-e-tenga, Sie sind´s ja! Nein, für Sie gibt es natürlich Karten"

Seufz..

7. Szene: Eine Seefahrt, die ist lustig…

Viel Reisen heißt notgedrungen auch viel Gepäck.

Als ich eine BahnCard 100 hatte, konnte ich mein Gepäck ab und zu verschicken lassen, aber meistens sitzen mein Koffer und ich in einem überfüllten Zug. Verhältnismäßig oft im Gang auf dem Boden.

Ich habe mal ein Patent anmelden wollen für einen Koffer, den man variieren kann zwischen ganz klein und ganz groß. Weil sich unerklärlicherweise mein Gepäck auf Reisen immer enorm verkleinert oder vergrößert.

Praktisch ist es schon, wenn man seinen halben Schrank dabeihat. Regelmäßig schminke ich mich im Zug oder ziehe ich mich um, weil ich direkt zu einem Termin muss.

Im Flugzeug muss ich aber immer genau aufpassen, nicht zu viel dabei zu haben.

Einmal war ich als Gastkünstlerin auf der MS Europa eingeladen. Wir haben eine schöne Reise zu den Baltischen Staaten gemacht und sind zwischen St. Petersburg und Hamburg in vielen schönen Häfen samt Städten gewesen. Es war eine herbstliche Reise und ich war sehr froh, warme Klamotten dabei zu haben. Auf der MS Europa gibt es Kleiderordnungen, und man hat ziemlich viele Regeln zu befolgen, und deswegen war ich immer sehr drauf bedacht, alles richtig zu machen.

Am Abend vor unserer Abreise, irgendwo auf dem Nord-Ostsee-Kanal, wurden wir Künstler vom Entertainment Management zusammengerufen. Nach dem Anstoßen auf die erfolgreiche Reise wurde uns noch mal genau erklärt, wie das mit der Abreise funktioniert und wir wurden gebeten, das Gepäck abends auf den Flur zu stellen

Nachts um 1:00 Uhr würde das Gepäck abgeholt werden und das würden wir in Hamburg, nach dem Zoll, wiederbekommen. Wir sollten bloß daran denken, Klamotten für den nächsten Tag bereitzulegen, ansonsten stände uns eine Abreise in Schlafsachen bevor.

Ich denke noch, „wer kann denn bitte so blöd sein" und mache mich auf zu meiner Kajüte. Ich lege meine Klamotten raus und die wichtigsten Nachtutensilien und stelle meinen Koffer vor die Tür. Nach ein paar Drinks lege ich mich ins Bett und am nächsten Morgen wache ich von und vor einer hellbeleuchteten Elphi auf.

Ich ziehe mich an und bemerke schockiert, dass ich, wie gewünscht, zwar Klamotten rausgelegt habe, aber überhaupt nicht an Schuhe gedacht habe!

Ja! Das hat mir ja auch keiner gesagt! Kurze Panik! Was tun? Muss ich barfuß raus, am Kapitän vorbei, der alle persönlich verabschiedet?!

Angriff ist bekanntlich die beste Verteidigung:
Im Schrank finde ich ein Paar Saunalatschen. Mit, in Großschrift, „MS Europa" drauf. Ich schaue auf meine Füße herunter und sehe, dass die Hälfte meiner Zehen nagellackfrei ist, male noch schnell nach und gehe dann erhobenen Hauptes in den Empfangsraum, wo gefühlt alle sofort auf meine Füße schauen. Ich reihe mich in die Schlange ein, die sich langsam über die Brücke zieht. Ich nehme mir vor, dem Kapitän tief in die Augen zu schauen und ihn irgendwie abzulenken mit einem Witz oder einem Lächeln.

Noch drei Leute vor mir. Ich suche noch nach einem Witz.

Noch zwei Leute. Ich suche nach einem Spruch.

Noch eine Person. Ich suche nach irgendetwas.

Auf einmal höre ich „Halt!". Ich erschrecke.

Der Kapitän schaut erst mich an und dann meine Füße und dann… beginnt er laut zu lachen. Er ruft seine Kollegin hinzu und zeigt auf meine Latschen. Er meint, eine bessere Werbung gibt es wohl nicht und möchte ein Handyfoto mit mir.

Danach wünscht er mir noch einen schönen Tag und wendet sich meinen Mitreisenden hinter mir, zu. Uff, gut davongekommen!

Draußen merke ich, dass die Latschen zwar Sauna erprobt sind, das Hamburger Regenwetter aber nur 2 Sekunden aushalten und somit steige ich fröhlich barfuß vom Kutter. Home Sweet Home!

Herr Kapitän, wenn Sie das hier lesen: Könnte ich das Bild vielleicht bekommen?

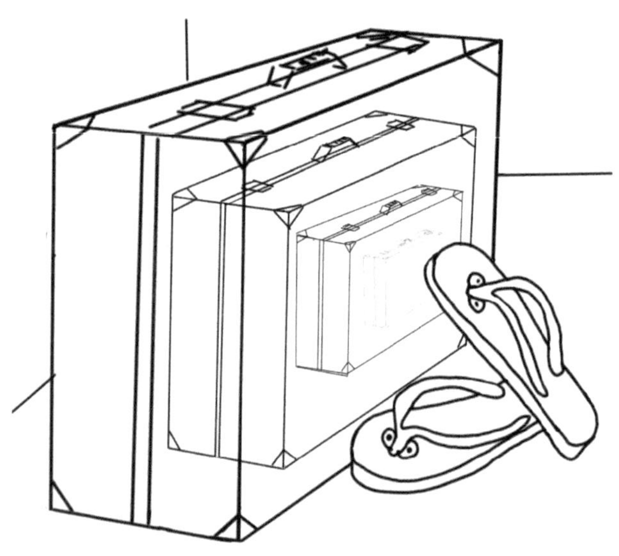

8. Szene: Aberglaube

In keinem Beruf spielt Aberglaube so eine große Rolle wie im Theater. Zu diesem Thema könnte ich womöglich ein ganzes Buch schreiben.

Allgemein bekannt ist wahrscheinlich, dass eine schlechte, pannenreiche Generalprobe ein gutes Zeichen für die Premiere ist und wenn eine Generalprobe ziemlich glatt über die Bühne geht, baue ich ab und zu einfach noch schnell einen Fehler ein. Nicht weil dann der Regisseur zum letzten Mal was bemängeln kann, sondern vor allem, weil ansonsten alle nach einer perfekten Generalprobe fürchten, dass am nächsten Abend schreckliche Dinge passieren werden.

Eine Generalprobe findet oft schon vor Publikum statt, allerdings ist Applaus am Ende der Generalprobe nicht gewünscht, da dies Unglück für die Premiere bringen könnte.

Grundsätzlich darf man vor allem ganz viel NICHT machen.

Man darf privat nicht mit einem Regenschirm auf die Bühne, nicht mit einem Mantel, nicht mit Essen. Wenn das inszeniert ist, dann natürlich schon.

Blumen nach der Premiere gehören zur Theatertradition, allerdings sollten sie niemals vor der Premiere überreicht werden, sonst dreht sich das Glück ins Gegenteil und die Blumen werden ein Omen des Unglücks.

Man sollte nicht durch den Vorhang gucken, bevor er aufgeht, kein Danke sagen, wenn jemand Toi-toi-toi wünscht. Krücken und Stricknadeln sind verboten, Babypuppen soll man nicht mit dem Gesicht nach oben hinlegen, ein Autor sollte sein eigenes Stück nicht inszenieren, alte Make-up Tiegel darf man nie komplett aufbrauchen, es sollte immer noch ein Rest übrigbleiben. Und pfeifen sollte man auch nicht.

Vor allem aber sollte man nie, NIE den Namen Macbeth in einem Theater erwähnen.

Erzählt wird, dass dadurch schon einige Theater insolvent gegangen sind, Brände entstanden und Schauspieler gestorben sind.

Zum Glück gibt es aber Lösungen falls dir ein Fehltritt passiert ist:

Du kannst dreimal um das Theater rennen oder dich dreimal im Kreis drehen oder das Theater verlassen und dreimal an die Tür klopfen und höflich bitten wieder reingelassen zu werden.

Aber ein paar Regeln kommen uns auch zugute: an einem Tag der Woche sollte Theaterfrei sein, nicht etwa weil wir Darsteller auch mal frei brauchen, nein, weil die Theatergeister die Zeit brauchen ihre Aufführungen zu spielen. Genau aus diesem Grund brennt in einem leeren Theater trotzdem immer ein kleines Lichtlein, das Geisterlicht.

Obwohl wir während der Arbeit umgeben sind von Aberglaube und versuchen alles Mögliche an Unglück zu kontrollieren, mit uralten und lustigen Traditionen, sind Theatermenschen privat meistens diejenigen, die am lautesten rufen, dass alles irgendwie gut wird, und dass man Vertrauen haben sollte, dass das Universum alles zum Guten wendet. Da gibt man dann gerne auch mal die Kontrolle ab und vertraut auf das große Ganze.

Plötzlich fällt mir ein, dass ich das hier in der Garderobe schreibe, während ich auf meinen nächsten Einsatz warte. Ich denke daran, dass neben dem Theater gerade gebaut wird, und dass erst letzte Woche ein Blindgänger gefunden und entschärft wurde. Eine Bombe von 227 Kilogramm. Wir wurden alle evakuiert, es konnte nicht mehr geprobt werden. Unglück? Böse Geister? Macbeth? Etwas unheimlich frage ich mich ob ich heute durch diesen Text das Unglück herbei geschworen habe. Ich nehme mir zur Sicherheit vor, beim Hinausgehen an die Tür zu klopfen und mich auf dem Nachhauseweg noch ein paarmal um die eigenen Achse zu drehen. Man weiß ja nie…

9. Szene: Korn

Der Prozess, Ex-verarbeitung, läuft. Aber meiner Meinung nach noch nicht schnell oder erfolgreich genug. Ein Becher Eis muss eine Lösung bieten. Ich bin gut vorbereitet, ich habe Eis gekauft. So eines mit viel Schokolade und Stückchen von dem ein oder anderen. Es liegt im Gefrierfach, gelagert für die richtig, schweren Momente des Nachtrauerns.

Jetzt also!

Ich laufe in die Küche und muss zu meinem großen Frust feststellen, dass der Gefrierschrank genauso den Geist aufgegeben hat, wie meine Beziehung, und dass das Eis jetzt einem Milchshake gleicht. Was tun?

Ich denke an gestern. Nach einem erfolgreichen Kochshow Abend im Theater, wo ich mit einem Kollegen gekocht habe, verziehe ich mich in meine Wohnung.

Lass es klar sein: Alkohol ist keine Lösung, aber manchmal ist kein Alkohol eben auch keine Lösung. Und so mache ich eine Flasche Korn auf. Ich trinke nie allein, aber ich lebe im Moment im Ausnahmezustand und manchmal muss der Kopf ausgeschaltet werden. Die letzten drei Tage habe ich mir abends mehrere gegönnt. Und mich am nächsten Tag gefragt, wieso sie eigentlich Klare heißen. Alles im Kopf ist vernebelt und ich fühle mich alles, außer klar, erklärt oder aufgeklärt. Außerdem lasse ich mich immer wieder dazu verleiten Sachen zu machen, die ich eigentlich nicht machen sollte. Wie zum Beispiel Ex-Sex.

Aber hey, ich bin in Nordhausen. Im Doppelkornhimmel. Es gibt hier alles Mögliche mit Korn. Alter Korn, feiner Korn, fruchtige Kornliköre, Kaffeekornliköre, Korngins, Ginkorns. Hier gab es mal 100 Brennereien. Jetzt gibt es noch die Traditionsbrennerei, die Der Ex und ich unlängst noch besucht haben und nachdem die Chefin uns zu einigen Proben eingeladen hat, habe ich gleich einen Vorrat zugelegt. Das traurige Erbe unserer Beziehung schaut mich jetzt einladend an.

Aber jetzt, am helllichten Tag, sollte ich wirklich keinen Korn trinken. Ich schalte den Fernseher an. Während der Probepause am Nachmittag habe ich gerne mal zur Ablenkung das Fernsehen an. Mit einem befreundeten Kollegen habe ich schon ein paar Mal während Proben zusammengewohnt und er guckt gerne „Shopping Queen" und mehr aus Gewohnheit schalte ich auf VOX.

Als frischverlassene Singlefrau hat man es an einem Wochentag zwischen 16:00 und 19:00 Uhr auf VOX aber sehr schwer. Es läuft erst „4 Hochzeiten und eine Traumreise", „Zwischen Tüll & Tränen" und dann „First Dates".

Ich fühle einen Breakdown ankommen. Und muss schnell handeln. Abschalten, mich ablenken, tun als ob es mir gut geht, Sport machen, Freunde anrufen. Oder ihn doch zulassen. Aber dafür brauche ich Eis oder Korn oder…

Unsere Regisseurin hat heute Morgen gemeint, ich werde irgendwie immer dünner. Meine Selbstwahrnehmung ist da eine ganz andere, aber ich beschließe, dass eine Tüte Chips trotzdem nicht schaden kann. Ich ziehe meine Jacke an und renne zum Supermarkt.

Eine Viertelstunde später bin ich wieder in der Theaterwohnung mit zwei Tüten Chips und einer Packung After Eight. Das Schwelgen in Selbstmitleid kann beginnen.

Ich lege mich unter meine Decke auf dem Bett und öffne die Tüte Chips. Und dann fällt mein Auge auf einen Klavierauszug, meine Noten für eine Audition und ich schaue noch ganz schnell rein. Die Musik und Text nehmen mich mit, lassen mich die Sorgen kurz vergessen und bevor ich es weiß, bin ich in einer anderen Welt. Es geht mir schlagartig besser. Theater heilt eben viele Wunden.

Die Tüte Chips kann bis morgen warten.

10. Szene: SB Waschsalon

Das Musicalleben ist ein Glamourleben denke ich, während ich meine Schmutzwäsche zu einem SB Waschsalon schleppe.

Buntwäsche rein in Maschine Nummer 5, 30 Grad Wäsche wählen, Vorprogramm an, Bezahlen, Waschmittel rein und los.

Die nächsten 57 Minuten sind für mich durchgeplant.

Normalerweise schmeiße ich die Sachen rein und gehe eine Runde joggen, aber heute sitze ich beim monotonen Geräusch einer kaputten Deckenlampe barfuß auf einem Tisch und schaue den Maschinen beim Drehen zu.

Eigentlich wollte ich Texte lernen für die nächste Audition, aber auch in meinem Kopf dreht es sich. Zu viele Gedanken. Der Ex ist sehr präsent. Nicht unbedingt, weil ich ihn mit Wäsche waschen assoziiere, aber weil sich die Trennung langsam bemerkbar macht.

Seine Wäsche wird nicht mehr mit meiner gewaschen. Sein Grün hat sich von meinem Bunt getrennt. Und ohnehin sehe ich ihn in Gedanken auf der Suche nach einer neuen Wohnung, wofür er nicht mal ausreichend Mobiliar besitzt. Schon gar keine Waschmaschine.

Eigentlich ist ein Waschsalon das wahre Leben in ganz klein und überschaubar. Menschen kommen und gehen und hinterlassen einen mehr oder weniger heftigen Eindruck, aber auf jeden Fall ihre Spuren.

Es kommt eine Frau rein mit Wäsche, die sehr nach Hund riecht. Sie steckt ihre Wäsche in Maschine 1, schließt die Tür und stellt dann fest, dass die Maschine außer Betrieb ist.

Da ich als einzige Ansprechpartnerin zu Verfügung stehe, bekomme ich ihre Verzweiflung ab. Die Tür geht nicht mehr auf!

Mir ist klar, ich habe einen Waschsalonneuling vor mir und mein Helfersyndrom fühlt sich angesprochen. Ich erkläre ihr, wie die Maschine wieder aufgeht, welches Programm sie wählen kann und wie das mit der Bezahlvorgang funktioniert. Sichtlich erleichtert bedankt sie sich bei mir, und ich nehme meine Chance wahr und bitte sie um ein bisschen Weichspüler. Sie verabschiedet sich und steigt in ihr Auto.

Meine Gedanken drehen sich weiter um Den Ex und unseren getrennten Haushalt und ich wische ein paar Tränen ab. Meine Finger riechen jetzt nach Hund! Ich bin ein großer Hundefan und hätte sicherlich auch einen, wenn ich nicht diesen Beruf ausüben würde. ABER Der Ex, DER ist ein Katzenmensch! Das hätte damals der erste Hinweis sein sollen, dass unsere Geschichte einfach kein Happy End haben kann.

Ich logge mich ein bei der Deutschen Bahn und suche nach einer Verbindung nach Hause. Morgen nach der Probe werde ich für knappe 30 Stunden zu meinem, etwas einsamen Zuhause fahren können.

Auf einmal geht das volle Licht im Waschsalon an. Draußen wird es schon etwas dunkel und ich sehe meine Reflexion in der Fensterscheibe. Mittlerweile lehne ich etwas gelangweilt auf einer Maschine und sehe im letzten Moment wie ein Auto auf mich zu schießt. Kurz vor der Scheibe bremst er plötzlich ab, aber ich schreie schon etwas schrill auf. Der Radaufahrer springt aus seinem Auto und ich sehe ein wirklich beeindruckend schönes Gesicht, das mich breit lächelnd anschaut. Er hat mein entsetztes Gesicht gesehen und zieht eine Grimasse. Unwillkürlich muss ich lachen.

Aus meinem Augenwinkel sehe ich, dass meine Maschine noch 9 Minuten braucht und ich hole einen Apfel aus meiner Tasche.

Die Tür geht auf und anstatt dem schönen Mann tritt ein sich streitendes Pärchen ein. Sie schweigen sich nur an, aber man spürt den Stress und ich fühle mich etwas fehl am Platz und tue so als ob ich nicht da bin. Etwas schwierig in dem kleinen, hell beleuchteten Raum.

Deshalb ist meine Freude groß, als kurz danach die Tür wieder aufgeht. Da ist er! Mr Handsome! Ich erkenne diesen Typen von einer Werbung mit Cate Blanchett, aber ich tue natürlich total uninteressiert, bin aber gleichzeitig nervös, ob er mich anspricht und wir uns besser kennen lernen sollten. Ich wende mich etwas beklommen ab und schaue durch die Fensterscheibe auf sein Auto. Mein Blick fällt auf ein Mietze-an-Bord-Aufkleber. Nein! Ein Katzenliebhaber! Im gleichen Moment gibt meine Maschine das Fertig-Signal von sich und ich springe hektisch auf: Uff, Saved by the Bell!

Ich greife meine Sachen und laufe wortlos in den dunklen Abend hinein.

11. Szene Ich wollte nie erwachsen sein

Göttingen Hauptbahnhof, ein ICE fährt ein. Dieses Tempo und diese Gewalt beeindrucken immer wieder. Ein Kollege hat gestern erzählt, dass er früher immer Münzen auf das Gleis gelegt hat, um sie flach zu walzen. Da mir das doch etwas zu riskant erscheint, halte ich meinen Kopf in den Fahrtwind und genieße es, wie die Haare um meinem Kopf wehen. Meine Art der Meditation.

Äußerlich und innerlich gut durchgepustet, steige ich, im Einklang mit mir selbst, ein und setzte mich an einen Tisch. Das mache ich normalerweise nie, da ich nie weiß, wohin mit den Beinen. Aber es ist nicht so voll und ich kann so ein bisschen was am Laptop arbeiten. Außerdem bin ich im Ruhebereich gelandet. Es verspricht eine ruhige Reise zu werden.

Ich sitze und lasse meine Gedanken schweifen. Ich denke zurück an ein Konzert vor Jahren, wo ich mit einer Band und einigen Kollegen auf einer Tour war durch Deutschland. Wir haben Musicalhits performt aus „Grease", „Cats", „We Will Rock You", oder „Elisabeth". Einer der Songs war unter anderem: „Ich wollte nie erwachsen sein" aus „Tabaluga".

An einem Abend, irgendwo im Süden Deutschlands, hatte ich bis kurz vor meinem

Auftritt ziemlichen Durchfall. Alle hinter der Bühne haben das mitbekommen, konnten mir aber leider auch nicht helfen. Kurz vor besagtem Einsatz renne ich zur Bühne und singe den Song. In meiner kniffligen Verfassung singe ich aber voller Überzeugung anstatt „spüren" das Wort „halten" und somit bekam das Lied eine etwas andere Bedeutung:

Ich wollte nie erwachsen sein, hab immer mich zur Wehr gesetzt.
Von außen wurd' ich hart wie Stein, und doch hat man mich oft verletzt.
Irgendwo tief in mir, bin ich ein Kind geblieben.
Erst dann, wenn ich´s nicht mehr HALTEN kann, weiß ich es ist für mich zu spät.

Die ganze Band bricht darauf hin zusammen vor Lachen und ich denke nur, dass heute leider wirklich nur Unsinn aus mir rauskommt.

Der Regisseur war an dem Abend drin und gab mir danach sogar ein Kompliment. Er fand das Lied so schön gesungen. Und die Dringlichkeit war gut zu spüren. Ja, kein Wunder.

Ich werde zurückgeholt in die Gegenwart. Ein Vater mit einem 3-jährigen Mädchen setzt sich mir gegenüber. Es fängt sofort an zu reden. Mein eben noch ausgeglichenes Ich denkt kurz entnervt „Ruhebereich", aber allmählich finde ich Gefallen an dem viel zu klugen Plappern der kleinen Rosa.

Sie schaut nach draußen. Grüne Felder kommen vorbei und ich lerne von Rosa, dass das bestimmt Salat ist. Es sei nämlich viel größer und heller als Grünkohl. Sie fragt ob ihr Vater weiß, dass alle Pflanzen als Pflanzenbabys anfangen, sogar der Weihnachtsbaum in der Kita. Aber mittlerweile sei der schon sehr braun geworden, weil die Wurzeln zu klein waren.

Auf einmal bemerkt der Vater, dass wir im Ruhebereich sitzen und will seiner Tochter den Mund verbieten und fragt mich leise „Stört es Sie, wenn ich vielleicht was vorlese?"

Was es denn gibt, frage ich. Als er „Pippi Langstrumpf" antwortet, stimme ich erfreut zu.

Mittlerweile haben sich neben mir redselige Männer niedergelassen. Und so kann ich die Gesichte von Pippi gar nicht richtig verfolgen. Aber ich höre noch wie Rosa „Toll, Theater" sagt und ich denke, da hat sie recht.

Seit ein paar Jahren beschäftige ich mich mit der Frage, ob es für mich noch einen alternativen Beruf gibt. Ein zweites Standbein vielleicht. Eigentlich bewege ich mich schon auf mehreren Beinen gleichzeitig, als Sängerin, Musicaldarstellerin, Sprecherin, Dozentin, Studiosängerin, aber das ist für mich alles irgendwie äquivalent zu meinem eigentlichen Beruf. Das Problem oder vielleicht auch mein größtes Geschenk ist es, dass ich für mein Leben gerne auf der Bühne stehe und nicht weiß, welcher Job mich so erfüllen könnte wie das, was ich leidenschaftlich gerne mache.

Als ich vor einem Jahr für ein Konzert in Süd-Korea war, bin ich natürlich auch in die Kultur und die Traditionen eingetaucht.

Die Süd-Koreaner haben einen schönen Brauch. Wenn das Kind ein Jahr alt wird, legen die Eltern ihm drei Sachen hin, die auf eventuelle spätere Berufe hinweisen könnten. Zum Beispiel einen Fußball, für eine sportliche Karriere, ein Stethoskop für eine medizinische, und einen Bleistift für eine schriftliche. Wonach das Geburtstagskind dann greift, entscheidet angeblich über seinen beruflichen Werdegang. Ich frage mich, was meine Eltern mir wohl hingelegt hätten. Sie haben doch eher auf ein konventionelleres Leben für mich gehofft. Und so habe ich zuerst Kommunikationswissenschaften studiert, bevor es mich auf die Bühne zog. Mittlerweile sind sie aber meine größten Fans. Und Kritiker.

Der Papa mir gegenüber hat seiner Tochter Malstifte hingelegt, aber er selbst findet irgendwie mehr gefallen daran und Rosa darf nur zuschauen, raten und Kommentare liefern.

Ich kann mir vorstellen, dass das Haben von Kindern definitiv so seine Vorteile hat.

Ich denke an eine Freundin, mit zwei kleinen Kindern, die ich immer als Ausrede benutze, um auf den Spielplatz gehen zu können und schreibe ihr eine Nachricht. Sie renoviert gerade ein neues Haus und ich frage, ob sie noch Hilfe braucht. Renovieren mag ich einfach. Im Gegensatz zu meinem Bühnenleben erschaffe ich somit etwas, was bleibt. Vielleicht nicht für immer, aber ich sehe das Ergebnis meiner Arbeit und kann mich des längeren daran erfreuen.

Die handwerklichen Fähigkeiten habe ich von meinem Vater. Als einjähriges Mädchen saß ich schon neben ihm, wenn er am Auto rumgeschraubt hat und als ich etwa 11 Jahre alt war, zeigte er mir wie man Laminat verlegt. Bis heute glaube ich, dass ein Großteil davon vor allem eigennützig war. Sobald ich wusste, wie man sägt und verlegt, verschwand er für einen Kaffee nach unten. Und erst als ich das Zimmer dann fertig hatte, kam er wieder rauf.

Ich verabrede mich für den nächsten Tag. Es soll Tapete entfernt werden.

Rosas Vater hat jetzt das Malen aufgegeben und lässt sich von seiner Tochter weiterhin die Welt erklären.

Meine Mutter denkt, dass es großartig wäre, als Theaterkind aufzuwachsen, mit Eltern, die am Theater arbeiten. Ich denke, andersrum funktioniert das vielleicht sogar noch besser. Wenn ich mir die kleine Rosa anschaue, sehne ich mich nach der Unbeschwertheit und Sorglosigkeit der Kindheit zurück.

Ich hatte früher einen kleinen Drachen als Fantasiefreund und habe mit ihm alles Mögliche unternommen.

Ich verspreche mir, die Leichtigkeit zu suchen und wenn ich als Darstellerin mal nicht mehr weiter weiß, werde ich an Rosa denken und an ihre schier unendliche Fantasie und werde gerne daraus schöpfen.

Wie war das nochmal laut Peter Maffay? Ich wollte nie erwachsen sein!

Das ist vielleicht heimlich die Botschaft.

12. Szene: Die 5 Arten der Liebe

Er winkt, sie schaut raus. Ihre Finger berühren sich am Fenster. Hamburg Dammtor, Sonntagabend. Der Zug ist voll, sehr voll. Sie erzählt, dass sie eine Wochenendbeziehung haben. Sie reserviert nie und hat meistens das Glück, dass jemand seine Reservierung nicht einlöst. Ich denke, sie hat ohnehin Glück, mit Sitzplatz UND Beziehung. Mir fehlen am heutigen Tag beide. Strenggenommen, habe ich einen halben Sitzplatz.

Neben mir sitzt ein exorbitant schwerer Mann, der auch die Hälfte von meinem Platz mit beansprucht.

Wir fahren los, es wird noch mal gewunken.

Der Ex, der wollte nie winken. Außer am letzten Tag, an dem wir uns gesehen haben. Da stand er weinend in der Straßenbahn und hat mir ein Luftkuss zugeworfen. Ich stand draußen und habe mich schockiert gefragt, was eben passiert ist. Nicht des Kusses, aber der Trennung wegen. Seine Kurzschlussreaktion, die mein Leben komplett durcheinander gewürfelt hat.

Seitdem fällt es mir schwer, mich an die Normalität als Singlefrau zu gewöhnen. Ich bin gerne in einer Beziehung, ich sorge und kümmere mich gerne und teile mein Leben gerne mit jemandem, der mich liebt. Und auf einmal ist alles anders.

Komponist ist Der Ex. Ich habe für ihn, für einen Kurzfilm, das Demo eingesungen. Jetzt möchte der Regisseur, dass ich, trotz Trennung, auch das Endprodukt einsinge. Hmm. Der Ex stellt unsere Professionalität in Frage. Leichte Wut kommt auf. Wenn etwas mich durch das ganze Leben begleitet hat, ist es der eiserne Wille professionell zu sein. In Momenten, in denen mein Leben privat auseinanderfiel, mein Opa starb, ich Grippe hatte und noch lange fahren musste, war ich auf der Bühne in meinem Element und immer zuverlässig. Und ausrechnet ER sollte das doch wissen.

Ich gehe also positiv gestimmt ins Studio und werde doch mit jedem Schritt nervöser, ob ich mich nicht zu weit aus dem Fenster gelehnt habe mit meiner Rede der Professionalität. Aber nein, die Aufnahme läuft wie am Schnürchen. Ein geiler 80 Jahre Song. Sehr ansprechend.

Später am Abend stehe ich auf der Bühne und muss eine emotionale Rolle verkörpern. Es geht um unglückliche Liebe und ein sehr Unhappy End. Ich steige in die Rolle ein und vergesse meinen Kummer. Das Singen, das Theater, das Spielen ist für mich eine große Hilfe und Ablenkung und sogar ein bisschen Therapie.

Manchmal fühle ich mich so, als ob ich vielleicht was Gescheites hätte studieren sollen.

Etwas womit man Menschen rettet, etwas womit man die Welt verändern kann. Aber immer wieder treffe ich nach Vorstellungen auf das Publikum und kriege die Bestätigung, dass es ihnen genauso geht wie mir: Das Theater führt Menschen aus ihre eigenen Misere, zeigt einen anderen Blickwinkel auf Probleme und lässt den Alltag kurz vergessen.

Da bin ich dankbar einen Beruf zu haben, der mir die Möglichkeit bietet, all meine Emotionen zu kanalisieren und gezielt einzusetzen. Ich habe einen Platz, wo ich, trotz allem, funktionieren kann.

Der Ex denkt, ich brauche eine Disney-Musical-Beziehung. Eine Filmromanze. Das ist Unsinn. Ich möchte einfach nur jemanden der mich versteht und mir seine Liebe zeigen kann und möchte.

Im Onboard Entertainment Kanal verpasst mir das Universum einen Wink mit dem Zaunpfahl und ich finde ein Hörbuch über die 5 Sprachen der Liebe. Liebe wird von jedem unterschiedlich gedeutet, gegeben und erwartet.

Es gibt 5 Arten, wodurch man Liebe zeigen kann, laut Gary Chapman, Autor des Buches. Durch Lob und Anerkennung, Zweisamkeit (Zeit machen füreinander), Geschenke, Hilfsbereitschaft und Zärtlichkeit.

Wenn Partner, Freunde, Familie eine andere Sprache sprechen als du, werden sie sich ungeliebt fühlen. Deswegen ist es notwendig sich zu merken, wer wie kommuniziert und Liebe zeigt, sodass man die Person auf diese Art auch mit Liebe „füttern" kann.

Eine Freundin von mir ist verheiratet und hat zwei Kinder, aber sie und ihr Partner haben noch nie zueinander gesagt, dass sie sich lieben. Sie schenken sich aber Sachen, womit sie die Liebe zeigen. Für mich unvorstellbar. Für mich sind Worte und somit Lob und Anerkennung, unglaublich wichtig. Andererseits kann man mich durch Worte auch sehr verletzen.

Um mich selbst zu schützen, habe ich darum gebeten, dass Der Ex mich nicht mehr kontaktiert. Ich muss Abstand gewinnen und mich nicht von Hoffnung leiten lassen. Aber trotzdem schaut mein verletztes Ego circa 20-mal am Tag nach, ob er nicht doch geschrieben hat. Ob er nicht zufällig online ist und an mich denkt. Ich brauche wohl immer noch die Anerkennung.

Auch jetzt vibriert mein Handy und ich schaue hoffnungsvoll drauf. Nur eine Freundin. Sie fragt was ich heute noch mache oder, ob wir zusammen Abendessen. Genaugenommen schreibt sie nur: Zug-Fraß? Mir vergeht sofort mein Appetit. Ohnehin sollte ich Sport machen. Ich habe mal gelesen: Wenn das Herz schnell schlägt, hat es keine Zeit zu schmerzen.

Als wir in Hannover ankommen steigen einige Menschen ein und aus und es werden viele vom Bahnsteig abgeholt und die meisten glücklich begrüßt und umarmt. Mein Herz hüpft ein bisschen und kriegt wieder Hoffnung. Es wird schon noch jemanden geben, der gerne meine Sprache spricht. Mit oder ohne holländischem Akzent.

13. Szene: Treppen

Ich lese einem Kollegen eine meiner Geschichten vor. Wir sitzen ganz allein, noch vor Öffnungszeit, in einem Kaffeehaus und warten bis die Geräte vorgeheizt sind. Ab und zu ist es wichtig ein Feedback zu bekommen. Aber da er laut lacht, werde ich angefeuert und lese exklamativ und gestikulierend eine Story vor. Wie laut, ist mir erst bewusst, als der Besitzer mich auf die Geschichte anspricht. Er findet es schade, dass ich noch nichts über seinen Laden geschrieben habe.

Mit dem Gedanken im Kopf laufe ich zur Straßenbahn runter. Das Kaffeehaus liegt erhöht und ich muss circa 30 Stufen runter steigen. Ich stolpere fast, weil ich ein bisschen spät dran bin.

Treppen und ich haben eine Geschichte miteinander. So eine Art Hass-Liebe.

Zuhause habe ich zwar einen Aufzug, aber da ich im vierten Stock wohne, darf ich von mir selbst aus nicht hoch und runterfahren. Ich soll ja die Chance auf Bewegung nutzen. Es sei denn, ich muss in den Keller, dann ist es ok. Das heißt, ich habe Übung im Treppenlaufen. Theoretisch wenigstens…

Ich komme im Theater an und mache mich bereit für eine Tanzprobe. Im aktuellen Stück tanze ich eine Szene mit dem Ballett. Das ist grundsätzlich schon immer eine Herausforderung. Ich tanze gerne, aber bestimmt nicht so gut, dass man mich mit einer Balletttänzerin verwechseln könnte. Das nennt man im Fachjargon dann eher einen Mover. Jemand der sich zwar gut bewegen kann, aber jetzt nicht unbedingt sein Geld damit verdienen sollte. Aber gut, ich muss ja währenddessen auch singen, also wird mir das verziehen.

Wie ungefähr jedes 16-jährige Mädchen in meiner Zeit, habe ich auch Tanzunterricht bekommen. Chachacha und Rumba und so. Bei einem Wettbewerb, wo mein damaliger Freund und ich, trotz fehlendem Talent, mittanzten, hat er mir aus Versehen mal ein Bein gestellt und ich landete flach auf dem Boden. Danach hatte ich zum Glück in der Ausbildung noch mehrere Stunden Tanzunterricht.

Ich mache ein Warm-up und dehne mich und meinen Rücken vorsichtig, während die Mädels neben mir sich im Spagat räkeln. Schon etwas demotiviert ziehe ich meine Schuhe an, als ich den Übeltäter erst erkenne: eine riesige Treppe wird auf die Bühne gefahren und ich soll singend und tanzend, möglichst elegant, hoch und runter.

Hoch und runterfallen habe ich schon mal ausgiebig erkundet:

Um mein Studium zu finanzieren habe ich am Wochenende Doppelschichten geschoben. tagsüber in einem Karstadt-ähnlichen Geschäft und abends in einem Restaurant. Dieses Restaurant hatte unten eine Bar, die Küche und eine Terrasse und oben waren die Tische zum Essen. Somit musste ich die Gerichte immer hochtragen. An einem Abend, ich hatte zwei Hauptgerichte und zwei Suppen in den Händen, laufe ich wie gewohnt die Treppe hoch. Diesmal steige ich aber versehentlich auf meine Schürze und schon falle ich vornüber und lande auf der Treppe, wonach ich bäuchlings runterrutsche. Nur die Schweinshaxe war noch schneller unten als ich. Die Köche haben geflucht, die Gäste gelacht und ich hätte mich am liebsten verkrochen.

Als kleines Mädchen bin ich zuhause mal in Eile runtergerannt, ausgerutscht und unten an der Treppe im Hundekorb gelandet. Seitdem waren unser Hund und ich zwar beste Freunde, aber ich hatte auch noch zwei Tage ziemliche Kopfschmerzen.

Aber darüber sollte ich mir hier erstmal keine Gedanken machen.

Ich soll nur auf eine schnell auf mich zufahrende Treppe aufspringen und dabei äußerst cool wirken. Ob das ein Problem sei… Ich bin mir nicht ganz sicher… Manchmal haben Treppen einfach eine eigene Dynamik. Und um die Sache noch etwas zu steigern, habe ich Absatzschuhe an und einen Koffer in der Hand.

Ich schlage in Gedanken drei Kreuze und schon geht die Musik los. Ich mache blöderweise die Augen zu, nicht unbedingt die beste Wahl, und springe noch just im richtigen Moment auf die Treppe, während ich, leicht panisch, den Koffer einem Kollegen entgegen schleudere. Er ist zum Glück so geistesgegenwärtig und fängt ihn auf. Auch er ist von der Abteilung „etwas untertalentierte Tänzer" und sieht meine Verzweiflung.

Er revanchiert sich dann auch gleich im nächsten Moment mit einem falsch getanzten Schritt und ich verzerre schmerzhaft das Gesicht.

Den Rest der Probe sind Kollege, Treppe und ich in Harmonie miteinander. So langsam finde ich gefallen an dem Hoch und Runter.

Erster Treppentag erfolgreich gemeistert.

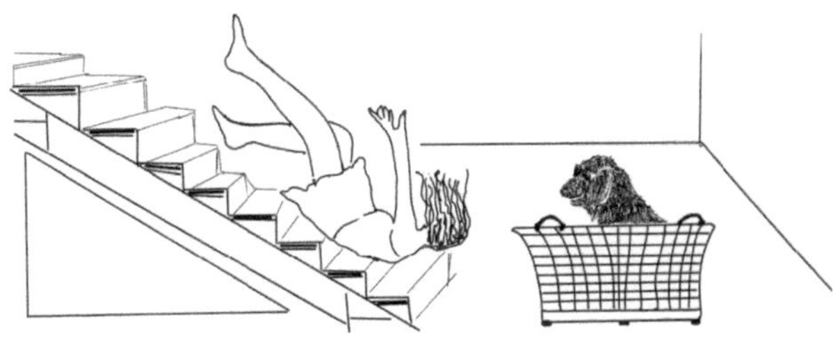

14. Szene: Frühe Zeiten

Heute muss ich sehr früh nach Berlin. Und wenn ich früh sage, meine ich in diesem Fall auch wirklich früh. Ich weiß, wir Theatertierchen haben den Ruf ein Lotterleben zu führen und immer elendig lange auszuschlafen.

Gut, ich finde bis 9:00 Uhr nicht lang. Nach einer Show hat man ja auch noch einiges zu erledigen: sich abschminken, duschen, anziehen, sich mit Kollegen unterhalten, sich mit Kollegen verquatschen, sich entscheiden mit den Kollegen noch was zu trinken, etwas trinken, ins Hotel gehen, Sachen für die nächste Reise packen und dann winkt endlich das Bett. Meistens ist es dann schon längst nach eins.

Aber heute muss ich schon um 5:00 Uhr morgens los. Ich habe eine Audition in Berlin.

Bei einer Audition, oder Vorsingen, stellt man sich bei einem Team vor, das ein neues Stück rausbringt und mit dem man gerne arbeiten möchte. Mit Liedern und Szenen, die sie dir geschickt haben und die du, im besten Fall, so gut wie möglich vorbereitet hast. Das Ganze dauert meistens nur 10 Minuten, aber der Aufwand ist ziemlich groß. Hinfahren (heute vier Stunden), früh genug da sein, sich eintragen, Kollegen begrüßen, schminken, umziehen, noch schnell in die Noten schauen, warten, nervös werden, reingehen und vortragen, wieder warten, Noten verstauen, umziehen, sich von den übrigen Kollegen verabschieden und wieder eine Rückfahrt. Alles in allem heute ein Unterfangen von 11 Stunden und heute Abend muss ja noch im Theater geprobt werden.

Die Reise verläuft gut, ich hänge halb schlafend über meiner Tasche in einer Regionalbahn als zwei Mädels reinkommen. Beide so um die 16. Vielleicht sind sie aber auch erst 14, sie tragen ziemlich viel Make-up. Die eine sagt zur anderen: „Voll komisch ey, diese alten 5-Euro Scheine sehen echt Fake aus."

Ich erinnere mich an den Tag, wo ich die neuen Scheine zum ersten Mal sah. Ich kam zurück aus dem Urlaub und hatte gar nicht mitbekommen, dass sich da was ändern sollte. Ich habe beim Bezahlen einen 5-Euroschein zurückbekommen und habe die Kassiererin erstmal ausgelacht, ich dachte sie macht einen Witz. Bis ich, hochrot, kapierte, dass sich das Geld in meiner kurzen Abwesenheit verändert hatte, war die Schlange hinter mir schon lang und ich fühlte mich ziemlich blöd. Das alles war aber schon 2012! Da waren diese Mädchen 9. Die haben die alten Scheine wahrscheinlich noch nie gesehen…

Ich fühle mich schlagartig alt.

Und dann reden wir noch nicht mal über D-Mark, Tamagotchis und Furbys, Arschgeweihtattoos, Flippos, den Lewinsky-Gate oder Kassetten.

Als Kind und Jugendliche habe ich IMMER ALLES vom Radio auf Kassetten aufgenommen und mitgesungen und das dann auch wieder aufgenommen, um zu hören, ob ich es richtig gemacht habe. Das war ein einziges Jonglieren mit Aufnahmegeräten und Record- und Playtasten und dem einen oder anderen Bleistift zum zurückspulen. Immer war die Hoffnung groß, dass der Moderator jetzt mal nicht reinquatscht, was aber ständig der Fall war.

Später in meiner Ausbildung nahm ich zum Aufnehmen einen Minidisk-Spieler. Die Neuheit der damaligen Zeit und ein großes Versprechen der Zukunft. Das Versprechen hielt leider nur circa 3 Jahren, dann kam der MP3 Spieler und ich verstaute meinen Stapel Minidiskkassetten neben den Kassetten ganz hinten im Schrank.

Ich bin ein Kind der 80er und 90er. Vor allem verbunden mit dem etwas Alternativerem aus der Zeit. Britpop, Kurt Cobain, ausgestellte Cordhosen, Einkaufen auf dem Flohmarkt. Ich kann heute noch fast alle Songs aus den 90ern mitsingen. Das ist vielleicht schon nicht unbedingt etwas, worauf man stolz sein sollte, aber schlimmer sind wahrscheinlich noch die Aufnahmen von mir als 6-jähriges Mädchen, das Holländische Schlagersongs mitgrölt.

„Terug naar de kust" von Maggie McNeal zum Beispiel. Und das Stunden für Stunden am Tag.

Da soll noch mal einer sagen, in den Niederlanden gibt es keine Schlager.

Ich nehme mir vor beim Aussteigen meine Mutter anzurufen und sie zu bitten, die Kassetten dringend auszulagern und zu verstecken. Wenn auch da für mich die Leidenschaft zur Musik angefangen hat, fühle ich mich durch die aktive Präsenz dieser Aufnahmen doch gerade ein wenig verletzlich und sehr erpressbar.

Für die Mädels im Zug neben mir und für diejenigen die in diesem Kapitel nur Wörter gelesen haben, die ihnen spanisch vorkamen, folgt hier noch begleitendes Lesematerial:

www.wisst-ihr-noch.de/90er/erinnerung-90er/die-50-schoensten-erinnerungen-an-die-90er-2213/

15. Szene: Eitelkeit

Morgen ist Premiere. Meine Eltern, treue Fans der ersten Stunden, kommen natürlich gucken. Die dritte Karte, die für Den Ex, habe ich heute relativ billig verschachert. Danach habe ich mir gleich dafür ein Oberteil gekauft, das Der Ex garantiert nicht schön gefunden hätte. Große innere Rebellion mit Ende 30 im Ausverkauf bei H&M. Chapeau! Aber mein Premierenoutfit ist jetzt komplett, samt ultrahohen Absätzen. Ich bin also für die Feier gewappnet.

Was aber jetzt noch fehlt sind die Toi Toi Tois, die kleinen Geschenke, die man sich zur Premiere gegenseitig macht um Glück zu wünschen. Ideen sind ausreichend vorhanden, aber ich arbeite irgendwie immer nach dem Prinzip, ohne Druck kein Erfolg, und so habe ich auch jetzt wieder bis zu dem Moment gewartet, wo ich wie ein Huhn ohne Kopf durch die Gegend renne, um alle möglichen Sachen zusammenzusuchen. Eine Art Weihnachtsstress noch weit vor dem ersten Advent.

Und so renne ich, am Theater vorbei, zurück zum Einkaufszentrum, als ich aus meinem Augenwinkel einen Schaukasten entdecke. Es hängt ein riesiges Bild von mir in einer Rolle in dem Kasten, in denkbar uncharmantester Pose mit unvorteilhaftestem Blick.

Ich schlucke und spüre wie die innere Diva sich rührt.

Die erste Probe mit Kostüm und Maske wird die Ausstattungsprobe genannt. Die ist meistens so circa anderthalb Wochen vor der Premiere. An diesem Tag entstehen, leider leider, immer auch schon die Bilder für das Programmheft. Nach dieser Probe wird aber noch vieles verändert und es kommt häufig vor, dass so im Programmheft Kostüme auftauchen, die eine Woche später ganz anders aussehen oder Kollegen statt langer Haare nur noch eine Glatze haben. Ziemlich große Unterschiede manchmal. Trotzdem bestehen die Theater auf diesen Vorgang, da die Programmhefte zum Druck müssen und rechtzeitig zur Premiere fertig sein sollen.

Eine Chance mitzuentscheiden, welche Bilder benutzt werden, ist meistens nicht gegeben und so stehe ich am Premierentag immer zitternd da, schaue in Windeseile durch das Programmheft und scanne alle Bilder, ob nicht doch irgendwo ein Fettröllchen oder Doppelkinn zu erkennen ist. Meistens werde ich nicht enttäuscht und beide sind irgendwie gut abgelichtet zu sehen. Doof ist, dass die meisten Bilder halt entstehen, wenn man singt. Das ist zu vergleichen mit Bildermachen beim Essen.

Und dann kann man nur hoffen, dass auf dem Weg zum Druck wenigstens eine Person das gleiche ästhetische Auge hat wie du und ein unschönes Bild durch ein schöneres ersetzt.

Das ist hier offensichtlich richtig schief gegangen. Gerade dieses Bild sollte doch eigentlich NICHT im Programmheft verwendet werden. Wieso hat es dennoch den Kasten erreicht? In einer blinden Panik, irgendjemand könnte dieses Bild entdecken, versuche ich den Kasten aufzubrechen, als ich sehe, dass zwei Teenager mir dabei zuschauen. Etwas peinlich berührt murmele ich noch was wie: „der klemmt, der war irgendwie nicht richtig zu" und stürme dann in einem wahrhaft divenhaften Moment zu den Damen der Öffentlichkeitsarbeit.

Ich klopfe noch kurz an, schmeiße aber im gleichen Moment auch schon die Tür auf. Die beiden Damen hinter dem Tisch starren unbeirrt weiter auf ihren Bildschirm und sind nicht wirklich von meinem Auftritt beeindruckt. Die Kollegin, die gerade auf dem Weg raus war, schon. Sie hat die Tür schwungvoll abbekommen und schaut mich mit großen Augen an.

Peinlich berührt beruhigt sich mein Gemüt sofort und als ich sehe, wie sich ihr Gesicht schon etwas bläulich färbt, denke ich demütig, es geht halt immer noch schlimmer und entscheide mich, es in diesem Fall einfach mal dabei zu belassen und hole der Kollegin ein Ice Pack und einen Sekt zur Beruhigung.

16. Szene: Interviews

Da bald Premiere ist, möchten Radio und geschriebene Presse ein Interview. Der MDR hat schon mal bei der Probe mitgeschnitten und einen schönen Beitrag gemacht. Die Dame der Zeitungsredaktion hatte bis jetzt keine Zeit und schickt mir die Fragen per Mail. Da ich aber unterwegs bin und mein Laptop nicht dabeihabe, beschließe ich eine Sprachnachricht zu schicken mit den Antworten.

Ich würde sagen, ich bin Interview erprobt. Regelmäßig werde ich danach gefragt, mittlerweile auch oft von Fans, da in letzter Zeit haufenweise Musicalblogs aus dem Boden schießen, wie Pilze im Herbst.

Ich lese auf meinem Handy schnell die ersten Fragen durch und sehe, es sind die üblichen: „Wie gefällt es Ihnen hier in der Stadt, an diesem Theater, und wie haben Sie sich auf diese Rolle vorbereitet." Das wird ein Heimspiel. Ich stelle mein Handy auf Record-Funktion und fange an zu antworten. Alles läuft flüssig, bis ich zur letzten Frage komme. Es steht da wirklich: Was machen Sie denn beruflich?

Diese Frage hat jeder auf der Bühne bestimmt schon mal gehört. Entweder von einem Theaterbesucher oder von einem unwissenden Familienmitglied. Vom Journalisten ist es jedoch, für mich, das erste Mal. Da muss ich über eine politisch korrekte Antwort einmal kurz nachdenken. Ich stecke mir ein paar Kruidnoten in den Mund. Eine niederländische Leckerei zu Nikolaus, der bei uns übrigens einen Tag früher kommt. Schon am 5.12. Ich denke, die besten Geschenke bekommt man somit auch in den Niederlanden, der Rest wird am nächsten Tag in Deutschland verteilt.

Seit einigen Jahren gibt es viele Castingshows im Fernsehen und die vermitteln gerne den Eindruck, dass man ganz einfach über Nacht zum Star werden kann. Bei einigen funktioniert das auch tatsächlich so. Wir anderen haben eine drei- oder vierjährige Ausbildung absolviert und versuchen noch längere Zeit das BAföG abzuzahlen. Da wirkt so eine Castingshow mit Fame über Nacht als verlockende Alternative.

In den Niederlanden werden jetzt ab und zu sogar Musicals im Fernsehen gecastet. Grundsätzlich ist die ganze Theaterwelt da etwas kommerzieller und mehr mit dem Fernsehen verknüpft. Und seitdem verstehen sogar meine Großeltern, was es heißt sich für eine Rolle zu bewerben. Ich kann es ihnen ja nicht übelnehmen, das Publikum sieht ja immer nur das Endprodukt und nicht die Arbeit davor oder gar währenddessen.

Die Bewerbungen, Auditions, sind meistens schon ein halbes bis ganzes Jahr bevor eine Produktion überhaupt stattfindet. Es gibt mehrere Runden, in denen immer weniger Konkurrenz übrigbleibt. Es wird gesungen, gespielt, getanzt, in Kombination mit Gegenspielern geschaut, wer mit wem am besten harmoniert und wenn man dann die Rolle bekommen hat, wird verhandelt und geguckt, ob zeitlich alles überhaupt hinhaut, in Kombination mit schon bestehenden Verträge. Manchmal fühlt es sich an wie Lotto spielen und wenn ein Vertrag zustande kommt, schmeißt man gleich mal eine Runde, von dem noch nicht verdienten Hauptgewinn. Wenn die Proben dann anfangen, hat man allen Stress und Aufregung vergessen und man muss sich nebenbei schon wieder um den nächsten Job im Folgejahr kümmern.

Und dann kommt die Fahrerei hinzu. Stunden im Zug, Auto, Flugzeug. Von Theater zu Theater, von Stadt zu Stadt, von Wohnung zu Wohnung.

Vor der Vorstellung die Vorbereitung, das Aufwärmen, die Zeit in der Maske, das Anziehen, überhaupt die 6 Wochen Proben, mit mehr als 40 Stunden die Woche, oft in fremden Betten und weit weg von zu Hause schlafen.

Das Bühnenleben ist ein echter und harter Beruf. Trotzdem werden viele Darsteller nebenbei auch noch was machen. Ich, zum Beispiel, gebe Gesangsunterricht, Schauspielunterricht, arbeite im Studio als Sängerin oder Sprecherin, singe Konzerte. Um den Kopf kreativ zu halten und um noch Geld hinzu zu verdienen. Aber alles irgendwie mit dem ursprünglichen Job verwandt.

Aber diese Antwort wird der Redakteurin bestimmt zu lang und so antworte ich deshalb:

„Ich stehe auf der Bühne, mit Herz und Seele, ich arbeite in diesem Beruf unglaublich hart, mit sehr viel Herzblut und Hingabe, aber auch mit vielen Abstrichen und Zugeständnissen. Trotzdem ist es für mich der schönste und echteste Beruf der Welt."

Als ich am nächsten Tag die Zeitung gespannt aufschlage, ist von meiner, überlegten Antwort leider ganz wenig übriggeblieben. Nur im Titel ist zu lesen: Mein Herz schlägt auf der Bühne.

Na, wenigstens das...

17. Szene: Nordmanntannenmann

Auf dem Marktplatz in der Nähe meiner Wohnung ist alles grün. Es ist Adventszeit und es werden wieder Weihnachtsbäume verkauft. Ich komme gerade von einer Probenzeit in meine Jetzt-Single-Wohnung zurück und ich beschließe sofort einen Baum zu brauchen.

Ich spreche mit ein paar Freunden, sie haben allesamt Fake-Bäume und das mag tatsächlich etwas umweltbewusster sein, aber ich mag den Geruch einer echten Tanne. Was ich nicht so mag, sind die Nadeln, die irgendwann überall verteilt liegen, aber da ich den Baum meistens von Anfang Dezember bis Mitte Januar stehen lasse, ist das leider ein nicht auszuschließendes Übel.

Ich laufe zurück zum Nordmanntannenstand. Es ist ein Familienbetrieb und ich werde freundlich begrüßt. Hier war ich letztes Jahr auch. Mit Dem Ex. Der Vater hilft mir gerne. Er zeigt mir einige Bäume, aber das, was ich genau will ist nicht dabei. Gut, ich bin etwas anspruchsvoll: Er soll größer sein als ich, untenrum nicht allzu buschig, obenrum nicht all zu leer. Ein sportliches, gut trainiertes Exemplar halt.

Der Verkäufer schneidet noch einen Baum auf. Ich frage ihn, ob es praktisch sei, dass die Bäume schon eingepackt im Netz wachsen und bis er merkt, dass ich einen Witz mache, hat er schon erklärt, dass es dafür Maschinen gibt.

Die Verpackung fällt runter. Dieser Baum hat einfach alles was ich mir wünsche. Gefühlte fünf Minuten starre ich meinen Baum an, bis der Verkäufer meine Gedanken unterbricht und fragt, ob er den Baum einfach bereit machen sollte zum Verfrachten. Ich frage noch kurz, wie viel er kostet und ohne, dass ich was sage, nennt er hintereinander drei Preise, die immer weiter runter gehen. Es gibt eigentlich überhaupt keinen Grund diesen Baum nicht zu nehmen und trotzdem zweifle ich. Der Verkäufer schaut mich fragend an. Auf einmal ist es mir klar: ich finde es schwierig allein diesen Baum auszusuchen. So ohne Den Ex. Ich erkläre dem Vater, dass mir der Mann abhandengekommen ist. Dass ich zwar jetzt einen Baum habe, aber noch einen Mann dazu suchen muss.

Er ruft seinen Sohn hinzu. Während ich sehe, wie der Baum für mich in eine Röhre geschoben wird und mit Netz wieder rauskommt, setzen wir das Gespräch fort. Wir reden über Unterschiede in Generationen und wie anders mit Beziehungen umgegangen wird. Der Vater erzählt stolz, dass seine Ehe schon 32 Jahre funktioniert und ich denke an meine Eltern, die es auch schon 44 Jahre miteinander schaffen. Wir starren alle drei schweigend den Baum an und ich merke, dass ich Tränen in die Augen bekommen habe. Der Sohn sieht das auch und nimmt mich kurzerhand spontan in den Arm, irgendwie genau, was ich brauche. Er duftet nach Tanne. Er fragt, ob er mich aufheitern kann und ob wir mal einen Kaffee trinken wollen. Ich reagiere etwas überrascht, jedoch nicht ablehnend.

In meiner Euphorie Den Baum gefunden zu haben, habe ich nicht bemerkt, wie groß er eigentlich ist. Als ich ihn nach Hause schleppe, wird mir das aber schlagartig klar. Ich stelle ihn zwischendurch einmal ab, aber da sich die Knöpfe meiner Jacke in dem Netz verfangen haben, kann ich mich nicht von der Tanne lösen und stehe mit halb gebeugten Knien, mit meinem Arsch nach hinten gestreckt, in der Fußgängerzone. Nicht unbedingt die Pose, in der ich mich präsentieren möchte. Ich verfluche Den Ex einmal mehr und ziehe den Baum bis zu meiner Wohnung. Da schaffen wir es in anhänglicher Zweisamkeit in den Aufzug und dann endlich in die Küche.

Die Schränke in meiner Küche sind wie ich, von außen organisiert, sauber und gepflegt, von innen das totale Chaos. Und so dauert es etwas, bevor ich eine Schere gefunden habe, um mich von meinem Baum zu trennen.

Ich schneide hastig das Netz auf und im gleichen Moment zeigt sich die Tanne schon in all ihrer Pracht. Hier wäre es doch klug gewesen, sie erst in den Ständer auf dem Balkon zu stellen und dann aufzuschneiden. Jetzt wuchte ich sie gewalttätig durch meine Balkontür nach draußen und während ich entnervt sehe, dass jetzt schon einige Nadeln zu Boden prasseln, bleibe ich mit dem Stamm am Türrahmen hängen. Ich falle, mit der Nase zuerst, samt Nordmann auf den Balkon.

Ich bleibe kurz liegen und checke die Lage. Wir scheinen beide ohne weitere Verluste davongekommen zu sein und so fange ich laut zu lachen an und atme einmal tief ein. Tanne! Für diesen Geruch hat es sich allemal gelohnt. Vielleicht bald sogar gemischt mit einem Kaffee.

18. Szene: Navi-Femke

Ich sitze, samt Bruder, bei den Eltern im Auto. Das passiert nicht allzu oft und ist für uns alle immer irgendwie verwirrend. Wenn wir zu viert unterwegs sind, ist es immer sehr laut und alle brüllen durcheinander. Ich bin dann meistens eher der Zuhörer. Nur ab und zu kann ich mich durchsetzen.

Aber, ich habe vor Jahren ein Navigationsgerät eingesprochen, auf Niederländisch. Und der Zufall wollte, dass meine Eltern sich, just ab dem Moment, als das Navi verbaut wurde, ein neues Auto gekauft haben. Somit bin ich die Stimme im Navikästchen meiner Eltern.

Es ist etwas komisch seine eigene Stimme aus dem Auto zu hören. So a la Kit in Knight Rider. Für meinen Vater, der sich grundsätzlich ungern reinreden lässt und eher sein eigenes Ding durchzieht in Sachen Autofahren, ist ein Navi eh mehr Übel als Hilfe. Dass jetzt die eigene Tochter ihm Ansagen macht, verstärkt diese Hass-Liebe umso mehr.

Ein häufig gehörtes Gespräch im Auto zwischen den Eltern:

Navi-Femke: „Bitte hier rechts abbiegen"
(Vater fährt geradeaus)
Mutter: „Femke sagt hier nach rechts"

Vater: „Ja, aber geradeaus ist besser"

Soweit so gut.

Komisch wird das alles, wenn ich dann mit im Auto sitze:

Navi-Femke: „Bitte hier rechts abbiegen"
(Vater fährt geradeaus)
Mutter: „Femke sagt hier nach rechts"
Echte-Femke: „Was? Ich habe nichts gesagt"
Mutter: „Nee, Navi-Femke!"
Echte-Femke: „Ach, so"
Mutter: „Hier nach rechts"
Vater: „Geradeaus ist besser"
Echte-Femke: „Ich sagte aber nach rechts"
Vater: „Du sagtest gar nichts, das war Navi-Femke und die hat keine Ahnung"
Echte-Femke (zu sich-selbst): „Das Ganze Navi-Ding ist bestimmt schlecht für mein Karma…"

Einen ganzen Tag war ich im Studio und habe, unter Leitung einer Regisseurin, Orte und Straßennamen eingesprochen, von 1 bis 1000 gezählt und ganze und halbe Sätze gesprochen. Die halben Sätze werden dann von der Software zu einem ganzen Satz zusammengelegt. So kann man mehr Kombinationen machen.

Allerdings hat sich da ein kleiner Fehler eingeschlichen.

Beim Zusammenschnitt des Satzes: „sla hier rechts af" (biegen sie hier rechts ab) wurde das letzte Wörtchen „af" vergessen. Auf Deutsch würde sich ohne „ab" nicht viel ändern und jeder weiß, was er zu tun hat. Auf Niederländisch allerdings, hat der Satz ohne „af" eine ganz andere Bedeutung: anstatt, biegen Sie hier rechts, sage ich da: hauen sie rechts.

Dieser Aufforderung leistet mein Vater, aus Jux, schon gerne Gehör und seitdem sitzt auch meine Mutter zur Sicherheit immer hinten im Auto.

Ab und zu mache ich, Echte-Femke, in meiner besten Navistimme, einfach mal eine Richtungsanweisung und schaue was passiert. So lässt sich das Ganze auch mal sehr zum Vorteil nutzen, wenn ich was Interessantes sehe oder dringend die Toilette benutzen möchte. Auf diese Weise habe ich sogar meine Wohnung gefunden.

19. Szene: Mit den Jahren wird man weiser?

Ich renoviere gerade mein Aussehen. Ich werde schon hier und da etwas grau und deswegen töne ich mir selber regelmäßig den Ansatz. Früher hat das Der Ex gemacht. Aber jetzt stehe ich, mit Krampf in den Armen, verzweifelt vor dem Spiegel und versuche meinen Hinterkopf zu erwischen. Das Telefon klingelt und ich ziehe wild wurschtelnd die Handschuhe aus und lege gleichzeitig den Kamm, die Farbe und Vaseline ab. Ich bin zu hektisch und mir fällt der Kamm mit Restfarbe runter. Direkt auf meinem Schuh und dann auf den Boden.

Ich gehe ans Handy. Eine Freundin. Ob wir heute Abend spontan ins Theater wollen. Ein befreundeter Kollege spielt seine Comedy Show. Klar möchte ich hin, aber zuerst muss dieses Chaos auf Boden und Kopf beseitigt werden. Während ich auf Händen und Füßen durch mein Badezimmer krieche, stoße ich mir den Kopf am Waschbecken. Ich fluche einmal laut und fasse mich, in einem Reflex, an die - frischgetönten - Haare. Meine Hände sind natürlich sofort voller Farbe. Überall um mich rum ist Unordnung und ich hocke verzweifelt mittendrin.

Irgendwie ein Dejavu.

Als ich vor ein paar Jahren meine Wohnung in Hamburg gekauft habe, musste ich am Tag nach dem Unterschreiben direkt für ein halbes Jahr nach Wien. Jeden Tag spielen, außer montags. Denkbar schlechtes Timing, aber leider ging es nicht anders. Ich habe meine freien Tage so zusammenlegen können, dass ich in der gesamten Zeit dreimal drei Tage nach Hause fliegen konnte. Ich hatte ja eine Zweitbesetzung. Eine Kollegin, die normalerweise im Ensemble spielt, aber meine Rolle auch mitgelernt hat, um mich an freien Tagen zu vertreten oder bei eventueller Krankheit.

Ich fliege an einem Montagmorgen nach Hamburg und freue mich auf die nächsten drei Tage. Ich werde ungestört meine neue Wohnung renovieren können. Vom Flughafen fahre ich direkt zum Baumarkt und besorge Farbe, Pinsel, Tape und Farbroller.

Diesmal ist der Flur dran. Im Moment ist alles Kiwigrün gestrichen. Ich finde eine farbige Wand schon schön, aber der Rest sollte dann weiß sein.

Es ist mittlerweile dunkel und so stelle ich, nachdem ich mich in alte Klamotten geworfen habe, eine Baulampe auf und mache das Radio an. Laut singend fange ich an zu streichen und rollern und irgendwann gegen Mitternacht beschließe ich, schlafenzugehen, um am nächsten Morgen wieder früh aufstehen zu können.

Der Tag fängt gut an. Zwar stolpere ich einmal über den Farbeimer, aber der Schaden bleibt begrenzt. Weil ich dabei bin, die Decke zu streichen, rieselt hier und da Weißes herunter und ich sehe aus wie meine eigene Oma. Aber es sieht mich ja eh keiner und so mache ich fröhlich weiter.

Bis um 14:00 Uhr mein Handy klingelt. Ich sehe eine österreichische Nummer und ahne nichts Gutes. Ich wische meine weißen Hände an meiner Hose ab und gehe ran. Das Theater. Ich soll SOFORT zum Flughafen. Die Kollegin ist krank geworden und ich muss spielen. Heute! Heute Abend! Es wird schon ein Flug gebucht und ich soll nur so schnell wie möglich zum Flughafen. Ich schließe sofort alle Töpfe, versuche noch die Pinsel auszuwaschen und ziehe mich schnell um und renne zum Bus.

Eine Viertelstunde vor der Vorstellung komme ich am Theater an. Ich renne in die Maske, wo ich mich schminke, während gleichzeitig zwei Damen versuchen aus meinen Haaren eine adäquate Frisur zu machen. Erst da fällt mir auf, dass ich immer noch weiße Flecken auf meinem Kopf habe. So saß ich im Flugzeug und schlimmer noch: so muss ich jetzt auch auf die Bühne. Wir haben leider keine Zeit mehr. Die Show fühlt sich ungewohnt an, ich sollte ja gar nicht hier sein und bin in Gedanken noch in Hamburg.

Erst als ich unter der Dusche den Tag und die Wandfarbe abspüle, wird mir bewusst, was eigentlich genau passiert ist.

Der Gedanke an Farbe reißt mich aus der Erinnerung und ich schaue mich im Spiegel an. Mittlerweile klebt überall Tönung. Ich ziehe mich schnell aus, springe unter die Dusche und versuche mich sauber zu schrubben. Die Farbe auf der Haut ist leider sehr hartnäckig und lässt sich nicht so einfach entfernen, wie die Wandfarbe. Ich werde in den nächsten Tagen sicherlich noch oft was davon haben und den Menschen erklären müssen, warum ich so fleckig aussehe. Und eigentlich wollte ich doch durch diese Verschönerungsaktion die Wahrheit gerade vertuschen.

Ein Gedicht zum Abschluss:

Werden auch die Haare grau
oder sind sie weiß,
jedes renovieren
hat eben seinen Preis.

20. Szene: Der Wertstoffhof

Mich haben diese Woche einige elektrische Apparaturen verlassen. An einem Tag gingen Staubsauger und Toaster kaputt und am nächsten Tag verabschiedete sich auch der Mixer. Auf alle drei kann ich schlecht verzichten und so musste ich tief in die Tasche greifen und meine elektrischen Kleingeräte systematisch ersetzen. Es häufen sich aktuell durch alle Spontaneinkäufe in meiner Wohnung viele Kartons und andere Verpackungsmaterialien an und da meine Eltern nächste Woche vorbeikommen, möchte ich ein bisschen Ordnung schaffen. Der Pappcontainer bei mir Zuhause ist schon gefüllt, aber alles andere muss halt zum Wertstoffhof.

Ganz wie es einer Niederländerin gebührt, fahre ich natürlich mit dem Fahrrad hin. Die Fahrradtasche und der Rucksack sind ordentlich gefüllt und ich hänge ganz lässig ein altes Fahrradrad und den Staubsaugerschlauch um das Lenkrad, während ich mit der einen Hand das Fahrrad lenke und mit der anderen Hand die Staubsaugerstange festhalte. Easy, Der Vorletzte Ex hat sich vor Jahren schon öfter mal darüber lustig gemacht, wie viel ich immer auf einem Rad verfrachten kann. Als Jugendliche hatte ich aber auch regelmäßig Übung. Wir fuhren ständig mit drei Leuten auf einem Rad in die Stadt zum Ausgehen.

Meistens stand der Hintere sogar auf dem Gepäckträger und hat sich dabei als Standbild versucht.

Ich freue mich auf den Wertstoffhof. Wenn man mit dem Fahrrad kommt, muss man erstens nie anstehen, zweitens freue ich mich, wenn ich was an Ballast abwerfen kann und drittens mag ich es heimlich zu betrachten, was die Menschen alles so wegwerfen und nebenbei schaue ich mir gerne auch die Menschen selber dabei an. Manch einer macht sich richtig schick zum Entsorgen. Und obwohl ich denke, dass es praktischer ist mit Sachen hinzugehen, die schmutzig werden dürfen, ist die Entscheidung sich hübsch zu machen gar nicht so abwegig. Eine Freundin von mir hat da ihren Partner kennengelernt und die sind seit drei Jahren glücklich zusammen.

Während ich über die beiden nachdenke, überhole ich einen Opa und komme so richtig in Schwung. Auf einmal merke ich, dass ich mich komplett verfahren habe.

Ich halte an. Das ist gar nicht mal so einfach, aber alles bleibt zum Glück an und auf dem Fahrrad.

Ich schaue auf mein Handy, um mir den Weg anzeigen zu lassen. Das will gerade nicht und so stehe ich leicht frustriert in „The Middle Of Nowhere" und warte bis mein Handy mir wieder gehorcht. Technik und ich, ja, das ist so eine Sache.

Obwohl ich echt von meinem Vater einiges gelernt habe - Steckdosen und Kabel austauschen, Strom durchmessen und am Auto einiges ersetzten - sind die Geräte in meinem Leben sich einig: sie mögen mich nicht und versuchen mich das auch grundsätzlich merken zu lassen. Wenn ich ein Gerät bedienen möchte, funktioniert es meistens nicht. Ich rede da jetzt mal gar nicht vom Drucker, ich kenne kaum jemand, wo der Drucker an den drei Malen im Jahr, wo er funktionieren sollte, einwandfrei funktioniert. Aber so ist es bei mir eigentlich immer.

Als ich vor einigen Jahren einen neuen Laptop kaufen wollte, haben mir viele empfohlen, ein Macbook zu kaufen. Das Ding sei idiotensicher und da kann mir eigentlich nichts passieren.

Mittlerweile war mein Macbook schon zweimal bei der Reparatur und es hängt sich regelmäßig auf. Etwas, was laut Macbookliebhaber eigentlich nicht passieren KANN.

Das Schlimmste ist aber, dass wenn mein Vater meinen Laptop mal nutzt, alles einwandfrei läuft, wenn ich danach was machen möchte, scheint der Laptop zu denken: „nö, die nicht" und schaltet auf dumm und unzugänglich.

Aber auch wenn ich in der Nähe des Fernsehers stehe, wird das Bild auf einmal unscharf und wenn ich wieder weglaufe, ist alles wieder gut. Und das liegt nicht daran, dass ich eine

Brille brauchen könnte. Ich scheine was auszustrahlen, was diese Apparate grundsätzlich ablehnen.

Ich erinnere mich an die Geräte, die sich die letzte Woche gegen mich gestellt haben und kann ein teuflisches Lachen nicht unterdrücken. Sie kriegen jetzt wenigstens ihre verdiente Strafe und werden entsorgt.

Mittlerweile geht auch mein Handy wieder. Ich bin gedankenabwesend viel zu weit gefahren und habe verpasst irgendwo rechts abzubiegen. Die eigentlichen 10 Minuten zum Recyclinghof werden jetzt 25. Aber, hey, es ist schönes Wetter, deshalb mache ich mir nicht zu viele Gedanken und fahre weiter.

Das schöne Wetter hat sich aber nur getarnt. Es beginnt erst leicht und dann immer doller zu regnen. Mittlerweile sind mein Fahrrad, mein Gepäck und ich schon etwas durchweicht. Aber ich bin zum Glück bald da. Auf den letzten 200 Metern sehe ich auf einmal verschreckt, dass sich eine Traube gebildet hat vor dem Wertstoffhof. Zuerst denke ich noch, es sind einfach viele Kunden da, aber dann höre ich auch schon Rufe durch ein Megafon. Es wird gestreikt! Der Wertstoffhof hat heute nicht auf.

Ich bin aber jetzt schon so nah, dass ich an der lauten Traube vorbeifahren muss, bepackt wie ein Rikschafahrer. Ich möchte meine Niederlage nicht eingestehen und nicht zugeben, dass ich eigentlich zum Wertstoffhof REIN möchte. Und so strecke ich meinen Rücken durch, tue so als ob ich jeden Samstag meinen ganzen Hausrat mit dem Fahrrad ausführe, schaue absichtlich nicht auf die Traube und während ich vorbeiradle, winke ich einer imaginäre Person in weiter Ferne zu.

In Gedanken höre ich die Geräte in der Tasche lachen. Wieder einen Punkt für sie.

Es steht mittlerweile 10-1

21. Szene: Der Grieche

Im Zug schreibe ich eine Anti-Ex Liste. Eine Liste mit lauter Nachteilen an Dem Ex. Zuerst verläuft es zögerlich, meine Liste möchte irgendwie gefüllt werden von Vorteilen, aber Schritt für Schritt nimmt mein Sadismus Überhand, und die Liste wird länger und länger. Als ich dann auch noch per WhatsApp meine Freunde anfeure mitzumachen, komme ich so richtig in Fahrt.

Nicht alles stimmt auf der Liste, manche Übertreibung findet sich ein, aber es wird mir einfacher fallen die Hoffnung auf einen Neuanfang ziehen zu lassen. Und das sollte ich dringend machen. Denn ich weine gerade noch regelmäßig. Zum Beispiel wenn ich meinen Kühlschrank aufmache und eine Tube Kaviar sehe. Nicht nur, weil ich es ekelig finde, sondern weil es mich an Den Ex erinnert. Dass man so etwas isst, sollte übrigens auch sofort auf die Liste. Ich stehe im Supermarkt an der Frische-Theke und höre einen Song. Und weine. Ich gehe am Café vorbei, wo wir vor ein paar Wochen noch heftig verliebt kuschelnd saßen. Und weine. Wenn mir ein Stück Kartoffel runterfällt, wenn ich die Kartoffel schneiden muss, wenn ich sie stampfe und wenn ich sie dann essen muss. Ich habe zu viele, zu gute Erinnerungen. Und während der ICE, glücklicherweise ohne Probleme, durch die Landschaft fliegt, denk ich, dass mein persönlicher

Zug einen leichten Personenschaden erlitten hat. Die Verliebtheit und Liebe waren und sind einfach noch nicht weg.

Um mich jetzt so richtig abzulenken, melde ich mich bei Parship an. Alle 11 Minuten verliebt sich da ja ein Single. Ich denke, dass die Erfolgsquote nicht sehr hoch sein kann, wenn sich alle 11 Minuten nur EIN Single verliebt. Aber da es ohnehin für mich noch viel zu früh ist, mich zu verlieben, laufe ich eh kein Risiko.

Ein bisschen schauen kann aber nicht schaden.

Ich weiß, dass die Seite realistisch ist, alle Werbegesichter haben da auch ein Konto. Das gehört zum Vertrag. Ob sie Single sind, ist allerdings die Frage.

Leider kann man mit einem Basispaket nicht viel sehen, alle Bilder sind verpixelt dargestellt, bis man Mitgliedsgebühr bezahlt hat. Irgendwie geht es mir gegen den Strich, dass Firmen so viel Geld verdienen mit dem Unglück anderer und ich weigere mich vorerst zu zahlen. Deshalb starre ich nur auf verschwommene Bilder und nicht sehr aussagekräftige Antworten. Die Auswahl ist minimal und ich muss dem Werbespruch zustimmen: Almighurt von Ehrmann, keiner macht mich mehr an (Oder keiner macht mich mehr AN). Ich dachte, ich wäre hiermit durch. Mit dem doofen Dating. Dem Oberflächlichen, dem Aufgeplusterten. Internet Dating war noch nie mein Ding.

Der Ex und ich trafen uns zum Glück, durch Zufall, in einer Bar.

Raus sollte ich also, unter die Menschen. Heute Abend nach der Vorstellung habe ich sowieso Familienbesuch. Ich schlage vor zu einem Griechen zu gehen, wo ich letzte Woche schon mal war. Das Essen und die Bedienung waren vorzüglich. Wir werden wie alte Freunde begrüßt und der Inhaber und sein Sohn geben uns sofort die Hand.

Es wird ein lustiger Abend und der Sohn ist auffällig oft bei uns am Tisch. Als ich zur Toilette gehe, fragt er, wo wir herkommen und ob wir mal einen Kaffee trinken gehen wollen. Ich frage ihn, ob er meine ganze Familie meint, aber die Einladung geht nur an mich. Auf dem Weg zurück zum Tisch, gibt er mir seine Nummer und als wir uns verabschieden gehen auch noch zwei Ouzo aufs Haus.

Eine Woche später, wieder in der Stadt, rufe ich ihn tatsächlich an und es bleibt nicht bei den paar Ouzos. Wir haben einen wirklich netten Abend. Es ist gut zu wissen, dass Kontaktaufnahme im wahren Leben noch genauso gut funktioniert, wie vor ein paar Jahren. Dieser Single wird sich erstmal nicht in 11 Minuten verlieben, wenigstens nicht online.

22. Szene: Marie Kondo

Ich muss die Kontrolle über meine Wohnung und mein Leben re-übernehmen, jetzt wo Der Ex weg ist. Da ich für 2 Monate eine Mitbewohnerin bekomme, fange ich an das Gästezimmer herzurichten. Eigentlich sollte ich joggen gehen, aber es regnet gerade und ich bin außerdem später noch verabredet. Ich verschiebe mein Vorhaben auf morgen. Da ich in Hamburg wohne, ist die Chance groß, dass es morgen auch noch regnet, also mache ich mir da keine Sorgen.

Im Gästezimmer steht ein Schrank, mitten im Weg. Ein IKEA Billy als räumliche Trennung. Angeordnet von Dem Ex. Ich fand immer, das Ding schluckt Licht und sieht chaotisch aus, habe ihn aber machen lassen, da Der Ex öfter in dem Zimmer arbeitete als ich. So wie ich einiges mit mir habe machen lassen. Jetzt aber, soll Billy weg. Er ist das Sinnbild der Sturheit des Exes. Während ich mit all meiner Kraft versuche Bewegung ins Ur-Element des Schwedischen Einkaufhauses zu bekommen, wünsche ich mir Der Ex hätte sich damals zu einem leichteren und eleganteren „Elvarli" überreden lassen. Aber wie so oft, waren wir auch da nicht einer Meinung.

Billy bewegt sich keinen Zentimeter. Ich trete entnervt gegen den Schrank und fühle sofort darauf Schmerzen im Fuß. Während die Hälfte von Billys Inhalt runter fällt, fluche ich verzweifelt und hüpfe auf einem Bein rum. In dem Chaos auf dem Boden, sehe ich ein Buch von Marie Kondo, das ich nie gelesen habe.

Ich bin immer skeptisch, wenn es einen neuen Trend gibt und tue dann so, als ob es mich nicht interessiert, um dann später irgendwann schnell alles aufzuholen und zu merken, dass es einen Grund dafür gibt, dass hieraus ein Hype wurde. Meine Oma hat Fifty Shades of Grey schon längst gelesen, da hatte ich noch nicht mal eine Ahnung, wovon alle sprechen.

Ich blättere kurz durch das Buch „Magic Cleaning - wie Wohnung und Seele aufgeräumt bleiben". Das klingt gut. Im Kapitel „Gegen die Verzweiflung" lese ich: Ein vages Gefühl der Unsicherheit kommt auf, weil Sie den Überblick über Ihre Wohnung verloren haben.

Aha!

Marie schlägt vor in Ruhe eine Bestandsaufnahme zu machen, man fühlt sich danach ruhiger und Herrin der Lage. Ich schaue mich um und sehe viele Erinnerungen, die ich eigentlich nicht wegwerfen möchte. Manche Sachen sind einfach auch ein Beweis dafür, dass die Vergangenheit wahr ist. Aber ich denke gleichzeitig: Mein Leben ist mehr als die Summe dieser Dinge und fange an Schritt für Schritt wieder Sicherheit in meinem Leben zu bringen.

Ich kriege eine Sprachnachricht von einer Freundin beim Joggen und ich fühle mich sofort schlecht. Sie klingt total außer Atem. Und weil sie denkt, ich werde heute auch noch joggen, tue ich bei meiner Antwort so, als ob und hüpfe im Flur rauf und runter, um genauso zu klingen wie sie.

Währenddessen schaue ich mich um. An der Magnetwand im Flur hängen Polaroids von Freunden und Familie, mit Dem Ex und mir. Der Ex fand diese Idee immer total uncool und hat die Wand öfters keines Blickes, aber vieler Kommentare gewürdigt. Trotzdem war er immer der erste, wenn ein Bild gemacht werden sollte. Meistens drückte er sogar auf den Auslöser und dabei ist sein Gesicht sehr präsent, jedoch etwas überbelichtet im Vordergrund zu sehen. Ich gucke gerne auf diese Wand. Aber in letzter Zeit immer weniger gerne auf sein grinsendes Gesicht.

Früher schon, bei Familienfeiern, wenn ein Fotograf anwesend war, wurde die „kalte Hälfte", die angeheiratete Seite der Familie, gebeten an der Außenseite der Gruppe zu posieren. Obwohl meine Familie nur glückliche Ehen nachzuweisen hat, war sie bei diesem Thema schon immer ziemlich skeptisch und konsequent. Wenn sich der ein oder andere Partner doch mal verabschieden sollte, war er ganz einfach vom Bild zu entfernen. Eigentlich ziemlich klug in der Zeit bevor es Photoshop gab.

Ich finde: Der Ex muss ab! Und zwar sofort. Ich schneide ihn ab, habe nur noch Stücke Polaroid übrig und dekoriere die so um, dass es nicht auffällt, dass ich gerade meiner Schere die Enttäuschung der Beziehung überlassen habe. Da wo ich ihn nicht abscheiden kann, klebe ich etwas über seinen Kopf.

An die jetzt etwas leere Wand hänge ich demonstrativ die mir in letzter Zeit geschenkte Handynummer. Das sieht zwar bestätigend und nett aus, aber nutzen kann ich sie einfach noch nicht. Das ist, wie im Job. Da ist es auch immer so, dass mir die Rollen hinterhergeschmissen werden, wenn ich gar keine Zeit habe. Wenn ich mal weniger zu tun habe, bleibt das Handy dann aber leise.

Während ich das denke bekomme ich eine Nachricht. Das Gesicht, das ich gerade überall so sorgfältig abgeschnitten habe, ist zu sehen. Es wünscht mir „Lebe Wohl". Da ich gerade in radikalem Aufräum-Zustand bin, ändere ich den Namen. Der Ex heißt jetzt in meinem Handy: Unbekannter Anrufer. Und ich muss unwillkürlich lachen.

Während des Aussortierens finde ich langsam mehr und mehr zu mir. Ich merke, ich habe mich in der Beziehung doch etwas verloren und verunsichern lassen.

Eigentlich hatte ich mir geschworen, das nie wieder zu machen, aber Liebe macht bekanntlich etwas blind.

Und auch Billy wird allmählich leichter und lässt sich sogar an die Wand schieben. Endlich wird es wieder heller im Zimmer und auch in mein Herz kommt ein bisschen Licht.

Danke Marie!

23. Szene: Der Polyamorist

Es wird Frühling. Ich merke es, weil ich schlagartig alles ausziehe, wenn ich in den Zug steige. Ich bekomme Hitzewallungen, wie meine Mutter sie in den Wechseljahren hatte. Und ich merke es, weil wieder heftig geflirtet wird. In dem RE von Heidenheim nach Würzburg sitzt ein Mann, Mitte 60, der gleich zwei Damen ihm schräg gegenüber schöne Augen macht. Als eine von beiden ein vorsichtiges Lachen von sich gibt, springt er begeistert darauf an und setzt sich, ungefragt neben die beiden an den Vierertisch. In einem Schwall, worauf die Niagara Fälle eifersüchtig sein würden, erzählt er von sich und seinem Liebesleben. Da lebt er etwas unkonventioneller als manch anderer. Er liebt übermäßig viel und vor allem übermäßig viele Frauen gleichzeitig. Die alle damit aber natürlich auch einverstanden sind. Sie leben ja nach dem Prinzip:

Lieber nur ein Stück von einem tollen Mann als ganz viel von einem nicht so tollen Mann.

Ich selbst hatte vor nicht allzu langer Zeit ein Date mit einem Polyamoristen. Nicht, dass ich das schon wusste, als wir uns trafen, am Bahnhof in Göttingen. Auch nicht, als wir eine Weile miteinander schrieben und uns letztendlich auch küssten. Irgendwie neigen die Männer in meiner Umgebung dazu, mit wichtigen Details zurückzuhalten, bis sie eine Schwelle überschritten haben. Grundsätzlich ist mein Verständnis nicht all zu groß, wenn es um fremdgehende Männer geht. Ich werde keiner anderen Frau den Mann ausspannen und finde deshalb die Information, „Übrigens, ich habe eine Freundin", ziemlich essenziell. Weiterhin sind mir offene Beziehungen ein Rätsel. Und dann als Höhepunkt aller Gefühle, im wahrsten Sinne des Wortes, gibt es den polyamourös lebenden Teil der Bevölkerung. Der Ex hat dieses Wort schon gelegentlich in den Mund genommen. Meistens als Ausrede, wenn er merkte, sein Verhalten sei nicht regelkonform.

Als ich nach einer ausgiebigen Knutschsession neben meinem Polyamoristen lag, sagte er, er habe mich lieb. Mir schien diese Erkenntnis etwas schnell und antwortete etwas überrumpelt, dass ich ihn auch irgendwie nett finde. Er fing an zu erklären, warum er das so empfindet. Er liebe halt viele Menschen, wenn nicht gleich alle, und ich fühlte mich mit jedem seiner Worte mehr und mehr belehrt und in die Enge gedrängt. Nicht frei zu lieben, wäre ja in seinen Augen unmöglich und wenn ich das nicht auch so sähe, wäre ich kleinlich und verklemmt. Und das alles in einer monotonen Stimme, die mit jedem Wort ihre Glaubwürdigkeit verlor. Es war nur noch kernloses Geschwafel. Irgendwann habe ich aufgehört zu diskutieren und ließ seine Stimme einfach an mir abprallen.

Als ich nach Hause komme, rede ich mit einer Freundin über dieses Thema, mehrere Liebesbeziehungen gleichzeitig zu führen. Wo sie vor allem Probleme im praktischen und logistischen sieht „was, wenn beide an einem Tag Geburtstag haben, wo gehe ich dann hin?", lässt mich die Frage nicht los, wie man es ausreichend finden kann, nicht auf eine Beziehung fixiert sein zu dürfen und können. Gibt man sich dann jemals voll und ganz? Oder hat man immer eine Reserve? Ich denke, ich bin gut in meinem Beruf, weil ich keine anderen Zukunftspläne habe, keine Alternative. Ich würde meinen Job nicht zu 100% machen können, wenn ich darüber nachdenken würde, was es noch so gäbe. Und genauso stelle ich mir das in der Liebe vor.

Wir schauen uns zwei Dokus an, um in das Thema einzusteigen. Und brauchen dazu ein paar Gläser Wein. Die lockern zwar unsere Zungen, jedoch nicht unsere Knoten im Magen. Als eine Frau in der Doku sagt, sie habe keine Lust auf Konkurrenzkampf und gebe ihren Mann lieber her, als Angst zu haben, in einem Duell den Kampf zu verlieren, diskutieren wir über Selbstwertgefühle, Eifersucht und fragen uns, ob man in einer Polybeziehung nur krampfhaft versucht, Problemen und Ängsten aus dem Weg zu gehen? Wie weiß man auf lange Sicht, was wichtig ist in einer Beziehung und für die andere Person, wenn zwar alles ausdiskutiert und offengelegt wird, es aber nie Konsequenzen gibt. Das eigene Wohl ist am allerwichtigsten und das wird nicht aufgegeben. Wo mir diese Freiheit eigentlich als Einengung vorkommt, denke ich, dass manchmal etwas uneigennützig nur für jemand anderen zu tun und einfach ohne Vorbehalte zu lieben, doch die größere Liebe ist als die egoistische Selbstverwirklichung.

Die Schuldgefühle, die für mich mit so viel Freiheit einhergehen, überfordern mich.

Mein Handy vibriert. Ich schaue auf das Profilbild meines Polyamoristen und frage mich, ob das Pippi Langstrumpf-Foto eine Warnung hätte sein sollen. Ich mache mir meine Welt zwar auch wie sie mir gefällt, aber wahlweise mit nur einem Partner gleichzeitig. Er schreibt, er hatte eine gute Zeit bei seiner Freundin und fragt, wie es mir geht und wann wir uns sehen. Ich beschließe nicht mehr zu antworten und fühle mich, als ob ich gerade nochmal an einem Polyam-burnout vorbei geschrammt bin.

Ich höre wie die beiden Damen im Zug lachen und das reißt mich aus meinen Gedanken. Unser Charmeur scheint erfolgreich. Ja, die Jagdsaison ist eröffnet. Und auch dieses Jahr wird jeder Rammler sein Kaninchen finden. Und bei Bedarf auch ruhig ein paar mehr.

24. Szene: Der Käsekuchen

Ich schreibe mit einem Anwärter.

Wir stecken mitten in der Corona-Krise und können uns leider nicht sehen, aber dafür umso mehr schreiben. Und das machen wir dann auch ausgiebig.

Was wir machen, wo wir hingehen, wann der Hund ausgeführt wird.

Alles kommt vor. Auch Schlafen, Arbeit, Essen und wir reden auch über Kuchen, da ich in letzter Zeit viel gebacken habe. Er isst sie genauso gerne, wie ich und somit verspreche ich ihm, sobald Kontakt wieder erlaubt ist, einen Kuchen zu backen, um den dann zusammen zu vernichten. Um sicher zu gehen, bringe ich das Thema vorsichtig auf Käsekuchen.

Ich mag den amerikanischen Käsekuchen sehr, den Cremigen. Der typische deutsche, gebackene ist nicht so meins, und so frage ich ihn vorsichtshalber nach seiner Meinung.

Beim letzten Geburtstag von Dem Ex bin ich da schon in ein Fettnäpfchen getreten.

Er wollte zum Geburtstag unbedingt einen Käsekuchen, aber er konnte, wie so oft, nicht so recht beschreiben, was er sich da genau wünscht und so machte ich ihm diesen herrlich cremigen Amerikanischen. Er freute sich nur mittelmäßig, betrachtete skeptisch den Teller und sagte, dass er DAS so nicht gemeint hat. Er wollte offensichtlich den Deutschen.

So frage ich Den Anwärter:

„Cheesecake: American Style oder Deutsch? Deutschen Käsekuchen kann ich nämlich nicht leiden"

Er: „Der kann auch eher nichts, ich probiere lieber deinen Apfelkuchen"

Ich, sofort begeistert, dass dieser Mann schon mal mehr Ähnlichkeiten mit mir hat als Der Ex, schreibe zurück:

„OMG, Ja! Das erste Mal war ich so enttäuscht.

Ein zweites und drittes Mal bin ich sogar noch drauf reingefallen.

Aber jetzt habe ich es verstanden. Es liegt nicht an mir. Es ist der Käsekuchen. Der kann mich einfach nicht überzeugen.

Ich glaube sogar, er macht das nicht bewußt, er kann einfach nichts dafür. Aber irgendwann müsste man, auch als Käsekuchen, doch an einen Punkt kommen, wo man reflektiert und sagt, nee, so geht das nicht weiter. Andere Käsekuchen haben es einfach besser drauf und es ist ok, wenn ich mich ein bisschen in die Richtung hin entwickle. Man muss ja nicht gleich seine ganze Identität aufgeben, aber Entwicklung gehört nun mal dazu.

Aber der arme Käsekuchen hat wahrscheinlich in seinem Umfeld auch nur Menschen, die ihm nicht die Wahrheit sagen. So Fakefreunde. Oder welche, die ihn schon sein ganzes Leben kennen und denken: ach so ist der halt. Aber das hilft nicht. Es sei denn, der Käsekuchen ist ignorant und es ist ihm völlig egal was die anderen denken. Das ist auch eine Stärke natürlich. Aber dann muss er mit der Abweisung klarkommen. Er polarisiert halt."

Es bleibt eine ganze Weile still am anderen Ende der Leitung, gefolgt von einem schlichten: „Wow…"

Ich denke kurz nach, und dann fällt es mir wie Schuppen von den Augen. Ich merke gerade, dass ich zwei Jahre lang mit einem deutschen Käsekuchen liiert war.

Mein Handy vibriert: „Du musst ganz dringend eine Meditation machen, glaube ich", schreibt Der Anwärter. „Das war wohl wirklich nicht der beste Käsekuchen offensichtlich."

Nein, da hat er recht. Der Käsekuchen hat meine Bedürfnisse nicht stillen können. Mich, die Holländerin, für die ein Käsekuchen eigentlich schon ein Butterbrot mit Goudakäse wäre. Aber da wird es mir klar: Käse sollte für mich grundsätzlich eine Reife haben, Gouda mag ich ja auch eher älter.

Mein Käsekuchen war generell einfach viel zu jung.

Ich konzentriere mich ab jetzt einfach auf den Apfelkuchen. Auch da kann vieles schieflaufen. Wieviel Zimt, mit oder ohne Rosinen, es gibt auch da noch Klärungsbedarf. Allerdings stimmt das Gefühl. Apfelkuchen ist solide, eine gute Basis, darauf kann man aufbauen. Und mit dem Familienrezept meiner Oma*, kann das eigentlich nur ein Erfolg werden.

*dieses Rezept findest du auf S. 115

25. Szene: Sie spielte Cello

Oft werde ich gefragt: welche Rolle möchtest du unbedingt noch mal spielen? Die Frage ist so schwer zu beantworten. Nicht nur entstehen gefühlt jeden Tag neue Bühnenschätze, auch kenne ich noch nicht mal alle bestehende Stücke und Rollen. Dafür müsste ich tagelang im Internet stöbern.

Wenn ich mir IM Theater mal eine andere Rolle aussuchen dürfte, dann gäbe es da auch viele magische Berufe, so viele Optionen.

Der Requisiteur, der für alle Requisiten im Stück zuständig ist. Er darf sie selbst kreieren und entwickeln und hat einen enormen Fundus mit alten Requisiten. Aufräumen muss man schon, aber wegwerfen nie. Das gefällt mir.

Außerdem gäbe es da Regie. Irgendwann werde ich sicherlich selbst mal inszenieren.

Aber unmittelbar mit mir verbunden ist Musik, das Orchester.

Als kleines Kind wollte ich gerne Harfe spielen, aber als mein Vater sagte, ich solle dann auch jedes Mal selbst meine Harfe mit dem Fahrrad von und zur Musikschule bringen, habe ich mich für Blockflöte entschieden. Das schien mir doch etwas handlicher. Diese Karriere hatte allerdings kein erfolgreiches Ende. Mein untalentiertes Gebläse auf dem Holzstab wurde mir kurzerhand verboten und so kam ich, eher zufällig, zum Singen.

Würde ich jetzt allerdings Musikerin werden, würde ich bestimmt Cello spielen. Das Instrument ist melancholisch, wunderschön und die Cellisten sind die wenigen, die ich beim Applaus von der Bühne aus im Orchestergraben sehen kann und die mich garantiert immer anlächeln. Und so hat es in meinem Kopf eine Schlussfolgerung gegeben, dass Cellisten grundsätzlich glückliche Leute sind.

Alternativ gäbe es da noch das Saxofon. Das Instrument fetzt, ist laut und berührt mich gleichzeitig.

Einmal war ich auf dem Rückweg von einem Auftritt in Süddeutschland mit einer Big Band. Wenn alle Musiker aus ganz Deutschland kommen, du sie aber trotzdem alle schon kennst, dann merkst du erst, dass du schon recht lang in dem Beruf tätig bist. Zumal Big Band nicht mein \`erstes\` Metier ist.

Wir hatten einen Abend geprobt und sind danach alle zusammen was essen gegangen im Hotel. Die Generalprobe und der Auftritt selber waren am Tag danach.

Nach dem Auftritt ging jeder seines Weges. Mit mir waren noch zwei Kollegen, die nach Hamburg mussten und es versprach eine lange Nacht zu werden. Ich habe zum Glück mein Instrument immer dabei, der Gitarrist und der Pianist hatten doch einiges mehr zu schleppen.

Ich hatte nur ein kleines Köfferchen mit ein paar Auftrittsklamotten und Schminke. Deswegen wurde ich beauftragt Proviant für die Reise zu besorgen.

Ich kaufte M&Ms und Wein.

Der Auftritt war etwas chaotisch gewesen, es wurde nur teilweise zugehört vom Publikum, weil nebenbei gegessen wurde und es gab viele Reden. Wir waren leicht frustriert und deshalb war die erste Flasche Wein ganz schnell leer. Als wir uns neu eingedeckt hatten, kamen die Instrumente auf den Tisch und das Real Book. Eine Art Bibel des Jazz. Hierin stehen Leadsheets von Jazzstandards. Eigentlich ein Leitfaden für die Musikstücke, damit alle, nicht unbedingt das Gleiche, aber auf jeden Fall in der gleichen Tonart spielen.

Wir fangen an, in einem kleinen Abteil, wo wir nur zur dritt sitzen, Musik zu machen und verdrängen so ziemlich schnell unser unzufriedenstellendes Konzert. Es ist einfach herrlich mal Musik zu machen, um des Musikmachens willen. Singen, improvisieren, die Musik den Ton angeben lassen. Und da keiner wirklich zuhört, trauen wir uns auch musikalisch über Grenzen zu gehen. Das ist im Theater meistens nicht möglich. Auf jeden Fall nicht bei den Vorstellungen. Ein Musical hat doch oft einen bestimmten Rahmen. Aber so wie wir hier sitzen und uns gegenseitig zuhören, erinnert mich an Sitzproben. Das ist, nach einigen Wochen szenischer Proben, im Theater der Moment, in dem Sänger und Orchester das erste Mal zusammenkommen. Es heißt Sitzprobe, weil wir dabei auf der Bühne sitzen und das Orchester unten im Graben. Wir sitzen und machen Musik. Keine Choreografien, keine Bühnenabläufe, keine Kostümwechsel stören diesen magischen Moment, wo wir einander zum ersten Mal hören.

Während wir weiter jammen, schaue ich beschwingt aus dem Fenster und sehe die Landschaft an uns vorbeifliegen.

Lediglich als der Schaffner vorbeikommt, halten wir kurz inne. Er sieht zuerst aus, als ob er uns ermahnen und eine Reprimande geben möchte. Aber er feuert das Ganze an und setzt sich sogar eine Weile zu uns. Er trommelt mit den Fingern auf dem Tisch und ich denke erfreut, dass Musik sogar bei über 220 km/h verbindet.

Die Jungs haben mit einem neuen Song angefangen. Ich erkenne ein Lied von Udo Lindenberg und fast unbewusst singe ich den Text mit „Du spieltest Cello, in jedem Saal in unserer Gegend…"

Und einen kurzen Moment lang stelle ich mir vor, ich wäre wirklich Cellistin und werde von Udo besungen. Ich muss grinsen, ja tatsächlich, der Gedanke allein macht schon fröhlich.

Ob es nun der Wein ist, die M&M´s oder die Musik, ich fasse den Entschluss, dass das Leben zu kurz ist, um schlecht gelaunt zu sein. Ich entscheide ab jetzt einfach immer mal wieder meine innere Cellistin spielen zu lassen. Und so tanzen meine Gedanken auf diesem beschwingten Takt in den dunklen Abend hinein.

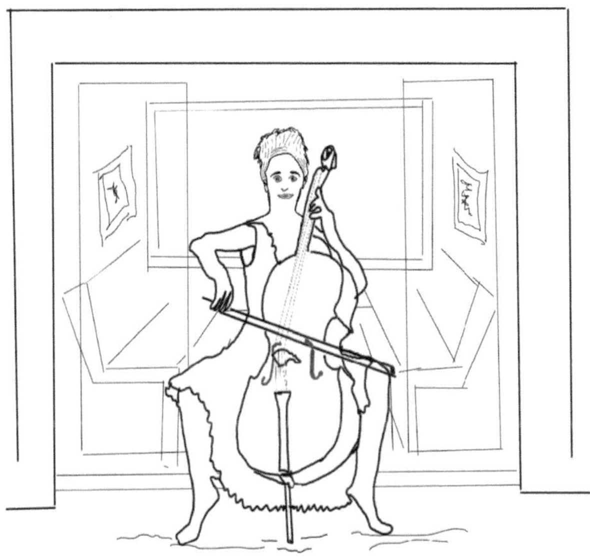

26. Szene: Männer

Nächstes Jahr werde ich 35 und als kleines Kind habe ich immer gedacht, dass ich zu diesem Zeitpunkt schon längst verheiratet bin und Kinder habe. Ich wollte früher zwölf Kinder. Entweder sechs Zwillinge oder zwei Sechslinge. Zu der Zeit haben wir zuhause ganz viel Eisschnelllauf geschaut und ich war voll Fan von der norwegischen Mannschaft. Die 12 Kinder sollten alle deshalb norwegische Namen bekommen, wie Kjell und Ole. Ja, ich war schon immer sehr realistisch.

Seit mehreren Jahren bin ich schon auf der Suche nach dem perfekten Mann. Irgendwie gestaltet sich diese Suche ziemlich schwierig. Nachdem ich zuerst ausgiebig die Probleme bei mir gesucht habe, muss ich mittlerweile doch feststellen, dass die meisten Schwierigkeiten eher beim schwächeren Geschlecht liegen.

Und wenn man schon denkt, für eine kurze Weile Den Richtigen gefunden zu haben, liebt immer der oder die eine mehr als der andere und somit leidet auch immer einer mehr als der andere.

Mein Liebesleben fing an mit vier, als ich im Kindergarten meine erste große Liebe traf. Bastian und ich tauschten während des Unterrichtes feurige Küsse aus.

Als ich das Gymnasium besuchte, hatte ich Griechisch-Unterricht. In einer Stunde behandelten wir Plato und seine Auffassung der Liebe und der Trennung der Menschen. Laut ihm bestanden wir früher alle aus zwei Menschen, quasi aus einer Kugel. Es gab Kugeln aus Weibchen Weibchen, aus Männchen Männchen und aus Weibchen Männchen. Irgendwann wurden die Menschen zu lautstark und die Götter bestraften die Menschen dadurch, sie voneinander zu trennen. Seitdem haben wir einen Bauchnabel, der Punkt, an dem wir von unserer andere Hälfte getrennt wurden. Wir sind alle stetig auf der Suche nach der Person, die uns wieder ganz macht.

Die Romantikerin in mir fand diese Erklärung großartig und suchte seitdem fleißig nach dem Bauchnabel, der zu meinem passt.

Auf meinem Weg zum Glück, liefen mir schon einige Sorten Männer über den Weg:

Der Der-Hund-ist-mein-bester-Freund-Typ
fand mich anfangs ganz schön gut, merkte aber irgendwann, dass ich keine vier Pfoten habe und ihm deshalb nicht so hinterherdackele, wie er es sich gewünscht hat.

Der Feminismus-ist-eigentlich-geil-Typ
fand es anfangs total gut, dass ich so viel arbeite und so wenig zu Hause bin. Als ihm allerdings auffiel, dass das heißt, dass er immer

selbst putzen und kochen muss, fand er eine selbstständige Frau doch nicht so aufregend.

Der Schauspieler ist ein Typ für sich.
Den muss man immer ganz vorsichtig mit Samthandschuhen anfassen. Seine Seele war noch verletzlicher als meine und ich musste immer ganz genau aufpassen, mit welcher seiner Persönlichkeiten ich gerade sprach.

Der Ich-habe-eigentlich-eine-Freundin-Typ
hatte eine Freundin.

Der Ich-erklär-dir-die-Welt-Typ
hat das Wort Mansplaining erfunden. Es ist zwar nett, wenn ein Mann sehr gebildet ist, wenn er aber immer den Klugscheißer raushängen lässt, geht das irgendwann auch ziemlich auf die Nerven.

Der Naturbursche
fand duschen nicht so wichtig und wenn er sich mal duschte, fand ich im Abfluss mehr Haare als von mir.

Der Ich-will-doch-nur-spielen-Typ
will niemals spielen, er will Sex. Am liebsten unemotional und schnell.

Der Mehrzweckmann
ist für vieles einzusetzen, aber für nichts so richtig.

Der Ich-habe-kein-Geld-Typ
kostet einfach zu viel Geld.

Und der Fitness-ist-mein-Lebensstil-Typ
redete nur Eiweiß, nutzte mich als Beispiel für seine Vorher-nachher Analyse und sein Spiegelbild wurde ausgiebiger und liebevoller betrachtet als ich.

Mit dem Influencer
war ein schönes romantisches Essen unmöglich. Bevor er seine Bilder gemacht und hochgeladen hatte, war entweder das Essen kalt oder meine Lust vergangen.

Der Drogenfreund
hat an einem fröhlichen Sonntag meinen Fernseher verhökert und sich davon Gras gekauft. Beide vermisse ich nur sehr, sehr selten.

Und beim letzten Traumtypen stand, nach seinem Auszug an einem schönen Freitagmorgen, um 5:30 Uhr das LKA vor der Tür mit einem Durchsuchungsbefehl und ich musste auf die Wache, um eine Aussage zu seinen Gunsten zu machen.

Ok, es liegt vielleicht nicht nur an den jeweiligen Männern. Zugegebenermaßen scheine ich in meiner Auswahl anspruchslos zu sein. Und daran sollte ich dringend was ändern.

Mein Vater meint, ein Mann braucht jeden Tag ein Kompliment. Gemäß dem Song „Männer muss man loben" von Barbara Schöneberger.

Aber was, wenn ein Mann an einem Tag wirklich absolut nichts macht, was ein Kompliment verdient?

Ein Funke Wahrheit steckt da wohl drin, die Ehe meiner Eltern funktioniert einwandfrei und meine Mutter hat das Komplimente geben auch gut drauf.

Aber da ist ja auch der Unterschied. Sie macht es gerne, weil mein Vater von allem ein bisschen ist, aber vor allem liebenswert.

Ich suche also besser nicht mehr verzweifelt nach Komplimenten, sondern lieber nach einem Typen, dem ich jeden Tag ein Kompliment geben möchte, nur weil er es verdient.

Epilog: Iucundi Acti Labores!

Als ich vor fast einem Jahr anfing diese Storys zu verfassen, hatte ich keine Ahnung, dass ich heute ein Buch in den Händen halten kann. Ein richtiges Buch mit meinem Namen drauf!

Wie Buddha sagt „der Weg ist das Ziel" und somit habe ich versucht alles auf dieser aufregenden Reise aufzusaugen und, Perfektionistin die ich bin, zu kontrollieren.

Da es aber einige Leute in meinem Leben gibt, die bestimmte Sachen viel besser können als ich, gestehe ich sehr gerne ein, dass ich Hilfe bekommen habe von tollen Menschen. Diesen Menschen danke ich vom Herzen.

Erstens gibt es da Bernhard, meinen Verleger, Lektor und Begleiter bei diesem Projekt; thanks I could pick your brain.

Die ersten Geschichten wurden von Wolf lektoriert. Ich kenne niemanden mit einem größeren Bücherschrank und somit nahm ich gerne das Angebot an.

Tom hat Probe gelesen und dank seiner Begeisterung für die deutsche Sprache und die sehr genaue Art, mich auf meine Holländischen Grammatikfehler hinzuweisen, sind in diesem Buch jetzt hoffentlich weniger Fehler als ursprünglich geplant.

Meine Motivatoren erster Stunde -
Inga, Paulina, Sophie und Nele - haben mich durch ihr Gelächter gezwungen dranzubleiben

und wirklich ein Buch draus zu machen. Lange bevor ich daran glaubte, dass es überhaupt jemand lesen wollen würde.

Wenn ich mal nicht weiterweiß; Michael macht Kompositionen zu meinem Leben, die mich tanzen, vergessen und lieben lassen. Und so konnte ich immer beschwingt weiterschreiben.

Ohne Jannie & Folkert gäbe es mich gar nicht. Also ist es hier vielleicht an der Stelle passend ihnen dafür zu danken, dass sie an einem schönen Sonntag im Mai in Frankreich beschlossen haben, die Familie zu erweitern. Und Folkert danke ich außerdem für die tollen Zeichnungen in diesem Buch, die genau wie meine Geschichten, nur mehr oder weniger der Wahrheit entsprechen.

Ohne die folgenden Hauptcharaktere wäre dieses Buch nicht so umfangreich und somit danke ich Den Männern. Dem Ex im Speziellen, weil ich mich nach der Trennung so scheiße fühlte, dass ich spontan anfing Geschichten zu schreiben und allen anderen Männern im Allgemeinen, die mein Leben verkomplizieren, aber auch irgendwie bereichern, aber vor allem, weil sie so viel Material zum Schreiben geboten haben.

Aber auch ein Dankeschön an die Deutsche Bahn, dafür, dass die Verspätung manchmal genau pünktlich kam und an allen unbekannten Mitreisenden für die Unterhaltung.

Ich brenne für meinen Beruf, ich bin Theatertier durch und durch. Und somit danke ich allen Theatern und ihren Mitarbeitern, an denen ich arbeiten darf; ohne euch wäre mein Leben nur halb so schön und nur halb so bunt.

Wider Erwarten hat mein Laptop bis jetzt alles mitgemacht. Obwohl unser Weg bis dato steinig war, waren wir uns bei diesem Projekt stets einig.

Zu guter Letzt danke ich dir, lieber Leser, liebe Leserin, für das Kaufen und Lesen des kleinen gehegten Traums und dafür, dass du auch Band 2 kaufen wirst.

Und damit mein Abitur mit Griechisch und Latein nicht völlig nutzlos war, zitiere ich hier passenderweise Cicero und sage:

Iucundi Acti Labores!

Zur Autorin:

Femke Soetenga wurde in Steinheim geboren und wuchs in den Niederlanden auf.
Parallel zu ihrem Studium der Kommunikationswissenschaften studierte Femke Musiktheater in Rotterdam.
Sie ist Sängerin, Musicaldarstellerin, Dozentin und neuerdings auch Autorin.
Femke spielt seit über 17 Jahren in vielen bekannten Musicals auf diversen Bühnen im deutschsprachigen Raum und sie unterrichtet Gesangstechnik und Interpretation.
Frei nach dem Spruch „Unverhofft kommt oft", stand sie eines Tages auf, setzte sich an den Rechner und fing an Kurzgeschichten zu schreiben. In all den Jahren als Niederländerin in Deutschland, auf und neben der Bühne, im Zug und in der Liebe war zu viel passiert um unkommentiert zu bleiben.

Besucht sie gerne auch auf:
www.femkesoetenga.com
Instagram: femkesoetenga & femkesbuch

Appeltaart von Oma Alie
mit Touch von Femke

<u>Für den Teig:</u>

300 gr	Mehl
100 gr	Zucker
200 gr	Butter - kalt, in kl. Stückchen
1 St.	Ei - aufgeschlagen

Etwas Zitronenschale - gerieben, oder ein Schuss Saft

<u>Für die Füllung:</u>

800 gr	Äpfel (Cox oder eine andere saure Sorte)
4 gestr. EL	Zimt
60 gr	Rosinen - kurz eingeweicht
80 gr	Zucker
1 Pck	Vanillinzucker

Etwas Paniermehl od. verkrümelter Zwieback

Alle Zutaten für den Teig gut zusammen verkneten und zu einem Ballen formen. In Folie einwickeln und ruhen lassen.
Ofen auf 180 Grad Ober-, Unterhitze vorheizen.

Äpfel schälen und entkernen, vierteln und in Scheibchen schneiden. Nicht waschen, ansonsten kleben sie nachher nicht zusammen. Mit Rosinen, Zucker und Zimt vermischen.

2/3 vom Teig ganz dünn ausrollen und über die (eingefettete) Form legen, hineinsacken lassen (bei Bedarf nachhelfen), und so Boden und Seiten der Form bekleiden.
Das Paniermehl auf den Boden geben, die Form mit dem Apfelgemisch füllen und gut andrücken.

Den übrigen Teig ausrollen und in Streifen schneiden. Diese als ein Geflecht oben auf den Kuchen legen und mit dem restlichen Ei bestreichen.

Den Kuchen im unteren Teil des Ofens 55 Minuten backen.

Mit einem großen Messer schneiden, dabei nicht zu heftig drücken.

Mit Saaaaahne servieren.

9 783982 092263

hY-buchedition